Marie-Sophie Germain

Défis Nature©

INCROYABLES DINOSAURES

DU PLUS PETIT AU PLUS GRAND !

FLEURUS

Défis Nature
est une marque déposée de Bioviva.

Direction : Guillaume Pô
Direction éditoriale : Sarah Malherbe
Édition : Frédérique Chavance
Relecture : Hélène Fitamant Gaudin
Conception graphique : Julien Di Giorgio
Mise en pages : Hélène Leonard
Direction de fabrication : Thierry Dubus
Fabrication : Florence Bellot

57, rue Gaston-Tessier, CS 50061, 75166 Paris Cedex 19
www.fleuruseditions.com

ISBN : 978-2-2151-7986-3
Code MDS : FS79863
N° d'édition : J22097
Dépôt légal : avril 2022
1re édition

Achevé d'imprimer en Roumanie chez Rotolito en février 2022.

Fleurus Éditions s'engage pour la planète : ce livre est imprimé
avec des encres à base végétale et est composé de matériaux issus de forêts
bien gérées, certifiées FSC® et d'autres sources contrôlées.

MIXTE
Issu de sources responsables
FSC® C127233
FSC www.fsc.org

SOMMAIRE

QU'EST-CE QU'UN DINOSAURE ? 4

Que signifie le mot « dinosaure » ? 4
Les dinosaures ne sont pas des reptiles ! 5
Sur la terre ferme 5
Des écailles mais aussi des plumes 6
Des œufs bien au chaud 7

UNE GRANDE VARIÉTÉ DE DINOSAURES 8

Les saurischiens 8
Les ornithischiens 9

IL ÉTAIT UNE FOIS... 10

Il y a très longtemps... 10
Sur presque toute la planète 12
Une mystérieuse disparition 13
Ont-ils vraiment tous disparu ? 13

À LA CHASSE AUX DINOSAURES 14

Du dinosaure au fossile 14
Un travail de détective 15
Les dinosaures à la trace 16

LES DINOSAURES 17

Epidexipteryx 18
Sinosauropteryx 20
Microraptor 22
Aquilops 24
Eoraptor 26
Dilong 28
Oviraptor 30
Hypsilophodon 32
Psittacosaurus 34
Velociraptor 36
Protoceratops 38
Unaysaurus 40
Dracorex 42
Deinonychus 44
Scelidosaurus 46
Dilophosaurus 48
Gastonia 50
Camptosaurus 52
Ankylosaurus 54
Iguanodon 56
Stegosaurus 58
Therizinosaurus 60
Parasaurolophus 62
Triceratops 64
Deinocheirus 66
Tyrannosaurus 68
Spinosaurus 70
Diplodocus 72
Mamenchisaurus 74
Argentinosaurus 76

QUIZ 78

QU'EST-CE QU'UN DINOSAURE ?

Les dinosaures sont des créatures qui ont vécu il y a plusieurs millions d'années. Il en existe de toutes les tailles et de toutes les formes, des herbivores, des carnivores, à écailles ou même à plumes. Mais qui sont-ils vraiment ?

Le dinosaure Megalosaurus *a été l'un des premiers à être trouvé, décrit et nommé.*

QUE SIGNIFIE LE MOT « DINOSAURE » ?

Le XIXe siècle est particulièrement riche en découvertes de fossiles. En 1824, on découvre le mégalosaure : c'est le premier dinosaure à faire l'objet d'une publication scientifique décrivant l'espèce de manière détaillée et lui donnant officiellement un nom. Les découvertes se multiplient alors : il est donc temps de donner un nom à ces « nouvelles » créatures que les scientifiques commencent à étudier !

En 1842, le paléontologue britannique Richard Owen choisit alors de les nommer « dinosaures », pour rester dans la tradition des scientifiques qui nomment les êtres vivants à partir de mots grecs ou latins : en grec, *deinos* signifie « terrible » et *sauros* veut dire « lézard » (ou « reptile »). Les dinosaures sont donc appelés **les « terribles lézards »** !

LES DINOSAURES NE SONT PAS DES REPTILES !

Malgré leur appellation de « terribles lézards », les dinosaures ne sont pas du tout des reptiles ! Il existe en effet de nombreuses différences entre les reptiles et les dinosaures.

Les reptiles ont le « sang froid » (ils sont exothermes), c'est-à-dire que la température de leur corps dépend de la température de leur environnement : ils ont besoin de sources de chaleur pour se réchauffer quand il fait trop froid. **Les dinosaures, eux, ont le « sang chaud »** (ils sont endothermes) : ils régulent tout seuls leur température corporelle, comme les oiseaux, les mammifères... et donc toi !

Mais ça n'est pas tout. Les reptiles rampent. Même quand ils ont quatre pattes, comme par exemple les crocodiles, elles ne sont pas dressées mais repliées de chaque côté du corps. **Les dinosaures, eux, se tiennent bien droits sur leurs pattes pour marcher**, comme les mammifères.

Crâne de tricératops.

CRÉATURES MYTHIQUES ET MONSTRES IMAGINAIRES

Les dinosaures ont été découverts bien avant la description scientifique du tout premier dinosaure en 1824. À ton avis, qu'ont pu penser les hommes il y a plusieurs centaines ou milliers d'années quand ils ont trouvé d'énormes crânes de tricératops (voir pp. 64-65) ? Les Chinois, par exemple, ont cru qu'il s'agissait de dragons ! C'est la raison pour laquelle ils continuent aujourd'hui de nommer beaucoup de dinosaures avec le suffixe « long », qui signifie « dragon », par exemple *Dilong* (voir pp. 28-29). En Europe, on a cru qu'il s'agissait de créatures surnaturelles monstrueuses dont on parle dans la Bible. Depuis l'aube de l'humanité, les dinosaures ont toujours fait partie de notre imagination.

SUR LA TERRE FERME

Un dinosaure, c'est aussi un animal qui vit uniquement **sur la terre ferme** : ni dans l'eau, ni dans le ciel. Ainsi, les terrifiants mosasaures et plésiosaures, qui vivaient dans les océans, ne sont pas des dinosaures mais des reptiles marins. Et les créatures volantes comme les ptérosaures (*Pterodactylus, Pteranodon*...) ne sont pas des dinosaures, ce sont des reptiles volants.

Le ptéranodon est un reptile volant qui a vécu au temps des dinosaures.

DES ÉCAILLES MAIS AUSSI DES PLUMES

On a longtemps pensé que les dinosaures avaient uniquement des écailles. Mais depuis les années 1990, on a découvert que beaucoup de théropodes (comme le tyrannosaure ou le microraptor, voir pp. 68-69 et 22-23) avaient des plumes !

Chez certains dinosaures d'ailleurs, les plumes étaient très primitives : elles ressemblaient à des filaments. Par exemple, le psittacosaure (voir pp. 34-35) en portait une belle rangée sur la queue. L'ornithopode *Tianyulong confuciusi*, lui, arborait une crête de filaments.

Tianyulong confuciusi *possédait de longs filaments à la base du cou, sur le dos et le début de la queue.*

Le tyrannosaure est l'un des dinosaures les plus connus : chaque découverte de fossile donne lieu à de nombreuses études, publications et de nouvelles hypothèses !

Les scientifiques pensent que ce plumage tenait chaud aux dinosaures qui vivaient sous des climats froids et pouvait aussi leur servir durant les parades nuptiales pour séduire les femelles, comme le font les oiseaux.

Mais, chez les théropodes les plus évolués, les plumes étaient aussi sophistiquées que celles des oiseaux actuels. Aujourd'hui, on sait que plus de vingt genres de théropodes avaient des plumes. Ils ont principalement été retrouvés en Chine. Et les paléontologues ont même trouvé dans une plume de *Shuvuuia deserti*, un petit théropode de Mongolie, la même protéine que dans les plumes de nos oiseaux actuels !

DES ŒUFS BIEN AU CHAUD

Comme les reptiles et les oiseaux, **les dinosaures pondaient des œufs**. Beaucoup d'espèces se regroupaient pour pondre et prendre soin des nids en communauté, dans des « aires de ponte » ou « aires de nidification ». Ainsi, en restant ensemble, ils pouvaient mieux protéger leur nid en cas d'attaques de prédateurs.

Comment faisaient les gros dinosaures pour couver sans écraser les œufs ? Ils ne couvaient pas ! Ils faisaient comme le talégalle de Latham, un oiseau australien qui pond ses œufs sur un tas de végétaux en décomposition : la fermentation produit de la chaleur, et c'est elle qui garde les œufs au chaud ! D'autres dinosaures utilisaient la chaleur du sable ou des roches volcaniques.

Alerte, un tyrannosaure rex est à l'approche ! Vite, les gigantoraptors se regroupent pour protéger leurs œufs.

UNE GRANDE VARIÉTÉ DE DINOSAURES

Les scientifiques classent les dinosaures en deux catégories, selon la forme de leur bassin (leurs hanches) et l'orientation de leur pubis (un des os du bassin).

LES SAURISCHIENS

Les **saurischiens ont un bassin semblable à celui des reptiles**, avec le pubis orienté vers l'avant. Ils regroupent :

• **LES SAUROPODES** : ce nom signifie « formes à pieds de reptile ». Ces dinosaures se déplaçaient le plus souvent sur leurs quatre pattes et certains étaient gigantesques. Ils étaient tous **herbivores**. Plusieurs espèces ont donné leur nom à une famille. Voici les plus importantes :

– Les **brachiosauridés** : *Brachiosaurus, Europasaurus, Giraffatitan*…
– Les **camarasauridés** : *Camarasaurus, Oplosaurus*…
– Les **diplodocidés** : *Diplodocus* (voir pp. 72-73), *Apatosaurus*…
– Les **mamenchisauridés** : *Mamenchisaurus* (voir pp. 74-75), *Huangshanlong, Klamelisaurus*…
– Les **titanosauridés** : *Titanosaurus, Ampelosaurus*…

• **LES THÉROPODES** : ce mot signifie « pied de bête » (« bête » dans le sens de « bête sauvage »). Ils se déplaçaient sur deux pattes, mais certains pouvaient aussi marcher à quatre pattes. Ces dinosaures de toutes tailles étaient en majorité **carnivores**. Voici les grandes lignées importantes :

– Les **cératosauriens** : *Ceratosaurus, Carnotaurus*…
– Les **mégalosauriens** : *Megalosaurus*.
– Les **allosauriens** : *Allosaurus*.
– Les **coelurosauriens** : *Tyrannosaurus* (pp. 68-69), *Velociraptor* (voir pp. 36-37), *Deinonychus* (voir pp. 44-45), *Oviraptor* (voir pp. 30-31), *Therizinosaurus* (voir pp. 60-61)…

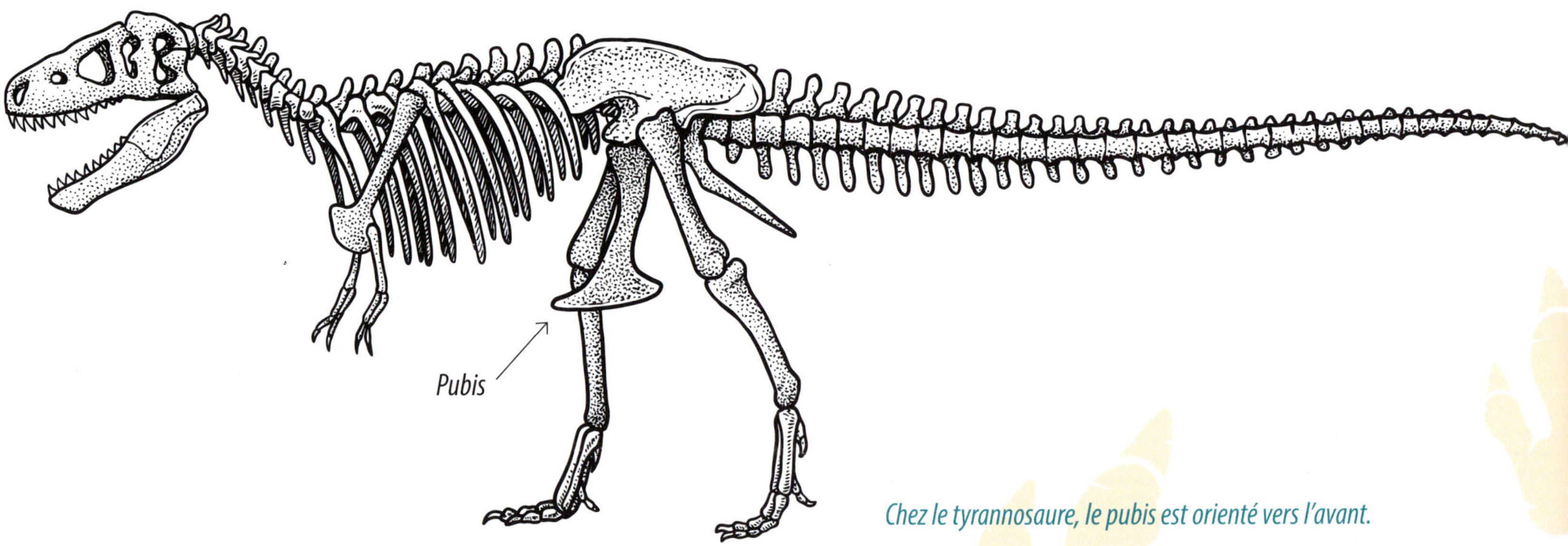

Chez le tyrannosaure, le pubis est orienté vers l'avant.

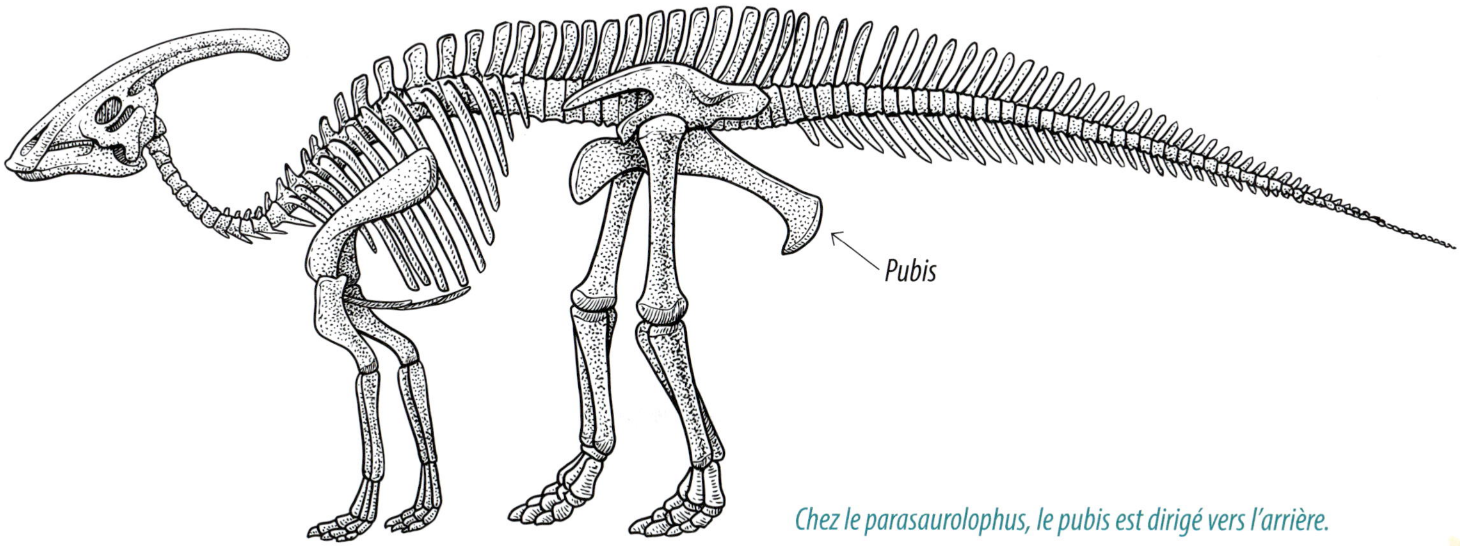

Chez le parasaurolophus, le pubis est dirigé vers l'arrière.

LES ORNITHISCHIENS

Chez les ornithischiens, **le bassin est comme celui des oiseaux**, avec le pubis orienté vers l'arrière. Ils étaient tous herbivores. On y trouve :

• **LES ORNITHOPODES** : leur nom signifie « pieds d'oiseaux », car ils avaient des pieds munis de trois orteils, comme ceux des oiseaux. Ils se tenaient principalement sur leurs deux pattes arrière, mais ils pouvaient aussi utiliser leurs pattes avant pour marcher à quatre pattes. Leurs pattes avant étaient plus courtes et leur queue était très rigide. Chez les ornithopodes, il y a plusieurs grandes familles :

– Les **hétérodontosauridés** : *Heterodontosaurus, Tianyulong…*

– Les **hypsilophodontidés** : *Hypsilophodon* (voir pp. 32-33), *Orodromeus…*

– Les **iguanodontidés** : *Iguanodon* (voir pp. 56-57), *Ouranosaurus, Mantellisaurus...*

– Les **hadrosauridés** : *Hadrosaurus, Parasaurolophus* (voir pp. 62-63), *Corythosaurus…*

• **LES MARGINOCÉPHALES** : ces créatures portaient des crêtes, des collerettes, des cornes ou des dômes osseux sur la tête. Et c'est ce que signifie leur nom : « marge sur la tête ». Chez les marginocéphales, on compte deux groupes majeurs :

– Les **cératopsiens** : *Triceratops* (voir pp. 64-65), *Protoceratops* (voir pp. 38-39)…

– Les **pachycéphalosauriens** : *Pachycephalosaurus*.

• **LES THYRÉOPHORES** : « thyréophore » signifie « porteur de bouclier ». C'étaient de grosses bêtes cuirassées avec le dos recouvert de plaques osseuses ou d'éperons. Ces dinosaures étaient tous quadrupèdes et herbivores. Ils sont apparus au Jurassique (voir p. 10). Chez les thyréophores, on trouve :

– Les **stégosauriens** : *Stegosaurus* (voir pp. 58-59), *Kentrosaurus…*

– Les **ankylosauriens** : *Ankylosaurus* (voir pp. 54-55), *Nodosaurus, Gastonia* (voir pp. 50-51)…

IL ÉTAIT UNE FOIS...

Les dinosaures ont régné sur la Terre pendant des millions d'années. Mais où et quand ?

IL Y A TRÈS LONGTEMPS...

Les dinosaures ont vécu il y a très longtemps, à l'ère Mésozoïque, entre 250 et 66 millions d'années avant notre ère. Mais ils n'étaient pas tout seuls sur la planète, il y avait aussi des reptiles volants, tels les ptérosaures, des reptiles marins (les ichthyosaures, les pléiosaures...), des insectes...

L'ère Mésozoïque, ou ère secondaire, est divisée en trois périodes :

- **Le Trias** (-250 à -200 millions d'années) : c'est là que les dinosaures sont apparus. À cette période, les continents n'étaient pas séparés. Ils formaient un unique continent appelé la Pangée. C'est pourquoi les dinosaures ont pu facilement coloniser toute la planète ! Mais au cours du Jurassique et du Crétacé, la Pangée s'est fragmentée en plusieurs continents.
- **Le Jurassique** (-200 à -145 millions d'années) : c'est l'âge d'or des dinosaures, c'est à ce moment-là que ces créatures sont devenues très nombreuses et de plus en plus différentes. Beaucoup de sauropodes et de théropodes deviennent gigantesques, et les marginocéphales apparaissent.
- **Le Crétacé** (-145 à -66 millions d'années) : les dinosaures continuent à évoluer, les premiers oiseaux se développent. Des dinosaures, tels que le tricératops (voir pp. 64-65), entrent en scène. Mais la fin du Crétacé marque aussi la fin du règne de beaucoup de dinosaures, environ 66 millions d'années avant notre ère.

Comme tu le vois, l'ère des dinosaures a duré des millions et des millions d'années. Ces créatures n'ont donc pas toutes vécu au même moment. Par exemple, un platéosaure du Trias n'a pas pu côtoyer un stégosaure (voir pp. 58-59) du Jurassique, ni un protocératops (voir pp. 38-39) du Crétacé.

ÉCHELLE DES TEMPS GÉOLOGIQUES

TEMPS EN MILLIONS D'ANNÉES	ÈRE	PÉRIODE	ÉPOQUE
	CÉNOZOÏQUE	QUATERNAIRE	HOLOCÈNE
			PLÉISTOCÈNE
		NÉOGÈNE	PLIOCÈNE
1.8			MIOCÈNE
		PALÉOGÈNE	OLIGOCÈNE
			ÉOCÈNE
50			PALÉOCÈNE
100	MÉSOZOÏQUE	CRÉTACÉ	
150 200		JURASSIQUE	
250		TRIAS	
300	PALÉOZOÏQUE	PERMIEN	
		CARBONIFÈRE	PENNSYLVANIEN
350			MISSISSIPPIEN
400		DÉVONIEN	
		SILURIEN	
450 500		ORDOVICIEN	
550		CAMBRIEN	
2500	PROTÉROZOÏQUE		
4000	ARCHÉEN		
4540	HADÉEN Formation de la Terre		

FORMES DE VIE

Le platéosaure a vécu au Trias supérieur.

MADE IN FRANCE

Sais-tu qu'on a identifié une vingtaine d'espèces de dinosaures qui vivaient en France ? Voici quelques exemples :

- **En Charente**, on a retrouvé le plus grand fémur (grand os situé dans la cuisse) de sauropode au monde. Il appartenait à un animal qui pouvait faire 40 m de long ! Les paléontologues ont aussi mis au jour cinquante ornithomimosaures, des dinosaures théropodes.
- **Dans l'Ain**, à Plagne (voir p. 16), il existe une « route » de 155 m avec 110 pas de *Brontopodus*, un sauropode !
- **La Provence** est un des lieux les plus riches en fossiles. Il y avait des *Arcovenator* (il y a 72 millions d'années), de gros carnivores de 8 m de long et 3 m de haut ! Mais aussi des *Rhabdodon*, des *Atsinganosaurus* ou encore des *Pyroraptor*. On a aussi déniché des centaines d'œufs de titanosaures à Aix-en-Provence, une ville surnommée par les paléontologues étrangers « Eggs-en-Provence » (*eggs* signifie « œufs » en anglais).
- **Dans le Var**, à Canjuers, les paléontologues ont découvert un spécimen de *Compsognathus corralestris* !
- **Dans le Jura**, on a trouvé de nombreuses traces de pas de gros sauropodes. C'est aussi là que vivait il y a 220 millions d'années un des plus anciens dinosaures du pays, *Plateosaurus*.
- **En région parisienne**, on a trouvé des *Ankylosaurus* (voir pp. 54-55) et des *Cetiosaurus*.
- **En Normandie**, ce sont des restes de *Dubreuillosaurus* qu'on a découverts, un dinosaure proche du *Megalosaurus*.
- **Dans l'Ariège**, des *Ampelosaurus* ont laissé de nombreuses traces de pas.

SUR PRESQUE TOUTE LA PLANÈTE

On a retrouvé des fossiles et empreintes (traces de pas) de dinosaures sur tous les continents, même en Antarctique ! Mais il existe des endroits dans le monde qui sont exceptionnels par le nombre d'espèces ou de spécimens qui ont été découverts : la Chine, la Mongolie, l'Allemagne, l'Amérique du Nord et l'Argentine.

Cetiosaurus *a notamment vécu en région parisienne.*

UNE MYSTÉRIEUSE DISPARITION

Il y a environ 66 millions d'années, une catastrophe a provoqué la disparition des dinosaures. Mais les scientifiques ne sont pas tous d'accord sur la cause. On sait qu'une gigantesque **météorite** est tombée sur la Terre, sur le golfe du Mexique – on peut d'ailleurs encore voir le grand cratère, nommé cratère de Chicxulub. On sait aussi qu'il y a eu une terrible **éruption volcanique**. Ces deux types de catastrophe peuvent provoquer un très grand changement sur toute la planète. En effet, l'impact d'une météorite produit énormément de poussières dans l'air pendant très longtemps. Et, en cas d'éruption volcanique, des cendres restent dans le ciel pendant des mois, voire des années. Les poussières ou les cendres cachent la lumière du soleil. Or, sans lumière, les plantes ne peuvent pas survivre. Sans plantes à se mettre sous la dent, les herbivores disparaissent. Et sans herbivores à dévorer, les carnivores disparaissent aussi...

Il y a quelque 66 millions d'années, une météorite d'environ 10 km de diamètre a frappé la Terre.

ONT-ILS VRAIMENT TOUS DISPARU ?

En réalité, les dinosaures qui ont disparu à la fin du Crétacé sont les plus gros : les dinosaures « non aviens », c'est-à-dire les dinosaures quadrupèdes, qui n'ont pas une « forme d'oiseau ». Beaucoup de petits théropodes, les dinosaures aviens (« avec une forme d'oiseau »), ont réussi à se tirer d'affaire. Et certains de ces théropodes ont continué à évoluer pendant des millions d'années... pour donner **nos oiseaux actuels** ! Eh oui, le moineau, la mésange, l'aigle et même le pigeon sont des dinosaures ! Si tu veux voir des oiseaux qui ressemblent aux anciens théropodes, regarde par exemple les émeus, les casoars, les autruches ou bien encore la poule.

Le pigeon est un lointain descendant des dinosaures...

... tout comme le casoar.

À LA CHASSE AUX DINOSAURES

Comment sait-on que les dinosaures ont existé ? Parce qu'on a retrouvé leurs squelettes fossilisés. Mais comment cela s'est-il passé ? Et comment fait-on pour les trouver ?

DU DINOSAURE AU FOSSILE

Les fossiles sont les restes de dinosaures conservés dans les roches. Voici les grandes étapes de ce processus :

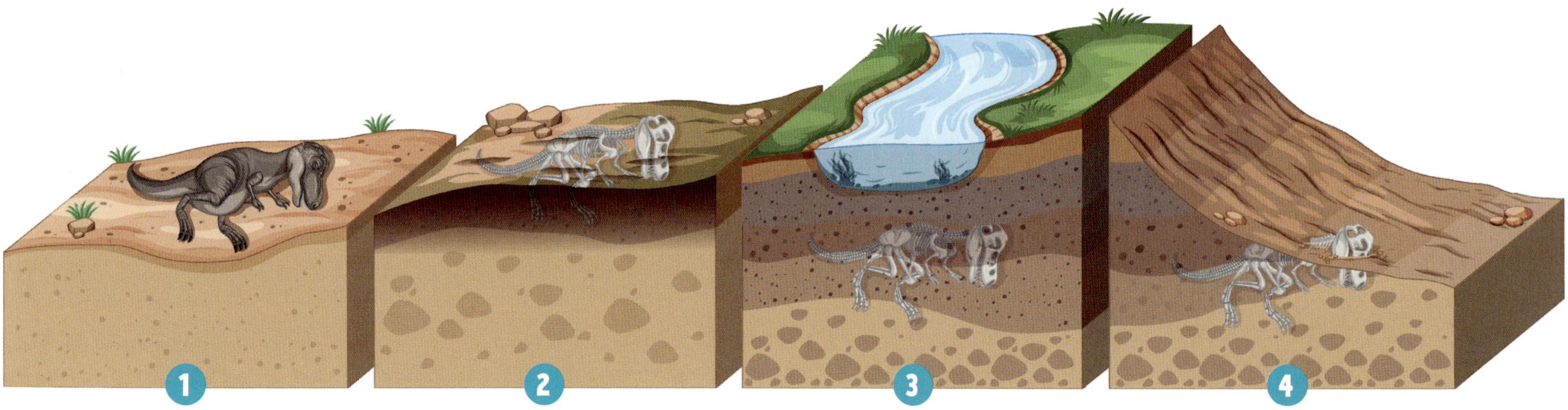

1. Après sa mort, le corps du dinosaure reste sur le sol.
2. Puis il est enseveli sous du sable ou recouvert par de l'eau ou de la boue. Au fil du temps, les parties molles (la chair, la peau, les organes) sont détruites par l'oxygène, elles pourrissent. Il ne reste plus que les os.
3. Avec le temps, les os sont recouverts par des couches successives de sédiments (particules de minéraux, feuilles, mousses, animaux morts...). En raison du poids de toutes ces couches, les trous microscopiques des os se remplissent des minéraux contenus dans les sédiments : les os se « transforment en pierre » et deviennent alors des fossiles très durs.
4. C'est grâce à l'érosion et aux mouvements de la croûte terrestre que ces fossiles peuvent réapparaître en surface.

Pic de paléontologie.

Une belle découverte s'annonce sur ce chantier de fouilles !

LE PALÉONTOLOGUE, CHASSEUR DE DINOSAURES

Le paléontologue est spécialisé dans l'étude des fossiles d'êtres humains, d'animaux ou de végétaux. Pour devenir paléontologue, il faut étudier différentes disciplines pendant de nombreuses années à l'université : géologie, biologie, chimie organique... Sur le terrain, ces chasseurs de dinosaures recherchent des fossiles, puis les analysent en laboratoire pour en apprendre plus sur leur physique, ce qu'ils mangeaient, comment ils se déplaçaient... Ils écrivent des articles pour détailler leurs recherches et expliquer leurs trouvailles. C'est très important que le monde entier soit au courant de leurs extraordinaires découvertes.

UN TRAVAIL DE DÉTECTIVE

Comment fait-on pour trouver des restes de dinosaures ? Il faut tout d'abord se rendre dans des endroits où se trouvent des roches datant du Trias, du Jurassique ou du Crétacé. Ensuite, il faut regarder très attentivement les roches. Souvent, toute une équipe y travaille.

Les paléontologues peuvent parfois extraire des petits fossiles directement sur place avec des outils adaptés. On peut ainsi utiliser un marteau spécial, qui s'appelle pic de paléontologie (ou taille-pierre) : c'est un petit marteau qui permet de piquer dans la roche, autour des fossiles, et de les détacher du bloc rocheux. Parfois il faut y aller au marteau-piqueur ! Mais, le plus souvent, la difficulté est telle qu'il faut extraire tout le morceau de roche.

Ces éléments sont ensuite transportés jusqu'au laboratoire afin d'être étudiés. Le paléontologue utilise alors différentes techniques pour faire apparaître de manière évidente les fossiles : par exemple, il existe des produits chimiques qui dissolvent la roche.

L'analyse en laboratoire débute...

LES DINOSAURES À LA TRACE

On peut parfois trouver des traces de pas de dinosaures qu'on appelle des **empreintes** : des traces de pas de dinosaures sont restées imprimées dans le sol, comme toi à la plage quand tu marches sur du sable mouillé. Petit à petit, comme pour la fossilisation, ces traces de pas se sont transformées en roche. La « route » la plus longue se trouve en France, à Plagne, dans l'Ain : elle se compose de 110 pas d'un sauropode nommé *Brontopodus* sur 155 m ! Les empreintes de dinosaures permettent d'évaluer le poids et l'âge des animaux, la vitesse à laquelle ils marchaient et s'ils se déplaçaient en groupe.

Le dinosaure sauropode de Plagne devait mesurer environ 30 m de longueur pour au moins 40 tonnes : un géant parmi les géants !

LES DINOSAURES

Dans les pages qui suivent, tu trouveras 30 dinosaures sous forme de fiches. Ils sont classés du plus petit au plus grand ! Pour bien lire ces fiches, voici la signification de quelques abréviations :

- g : gramme
- kg : kilogramme (ou kilo)
- t : tonne
- cm : centimètre
- m : mètre
- km/h : kilomètre par heure

Attention, la hauteur des animaux est mesurée à l'échine (l'épaule). Les tailles et les poids indiqués sont des moyennes, ils varient d'un individu à l'autre, un peu comme nous !

EPIDEXIPTERYX

Une créature de la taille d'un petit pigeon avec des rubans de plumes et de très longs doigts : on est loin du petit lézard auquel on pense quand on évoque les plus petits dinosaures du monde !

DES RUBANS DE PLUME

Près du fossile, au niveau de sa queue, les paléontologues ont trouvé des empreintes (des traces dans la roche) de quatre longues plumes. Elles sont composées d'un rachis central (une « tige ») et de deux aubes sur les côtés. Contrairement aux plumes d'oiseaux, ces aubes n'étaient pas ramifiées en petits filaments mais constituées d'un seul ensemble formant comme un « ruban ». Ces plumes étaient probablement colorées, car il s'en servait pour faire le beau ! Et c'est de là que lui vient son nom scientifique signifiant « plumes d'ornement ».

VOL PLANÉ

L'épidexiptéryx ne possédait pas de rémiges (plumes des ailes), donc il ne pouvait pas voler. Pourtant, ses ancêtres le pouvaient ! Alors a-t-il vraiment perdu ses ailes ? Des paléontologues ont retrouvé un proche cousin, appelé *Yi qi*, qui semblait avoir une peau très fine attachée aux doigts, au poignet et au torse, un peu comme les chauves-souris. C'était peut-être la même chose pour l'épidexiptéryx, d'autant que ses longs doigts semblent parfaits pour cela. Ce dinosaure pratiquait sans doute le vol plané, pour aller d'arbre en arbre.

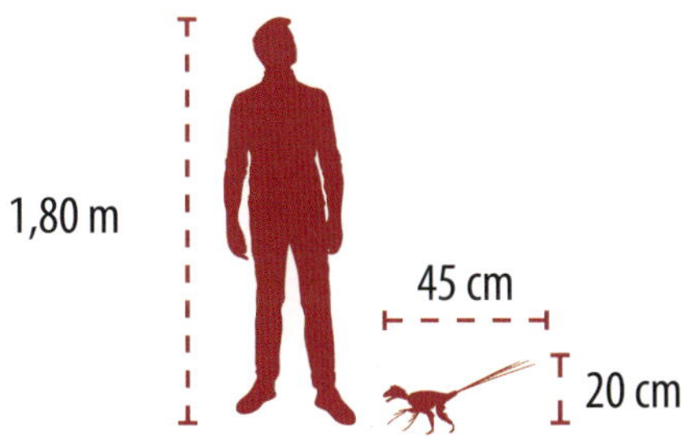

Nom scientifique : *Epidexipteryx hui*
Étymologie : « plumes d'ornement de Hu »
Époque : Jurassique (vers -165 millions d'années)
Taille : 25 cm de long (45 cm avec la queue), 20 cm de haut
Poids : 165 g
Régime alimentaire : insectivore
Répartition géographique : Chine
Année de la découverte : 2008

LE SAVAIS-TU ?

L'épidexiptéryx est l'un des plus petits dinosaures du monde : il faisait la taille d'un petit pigeon, soit 25 cm de long, et pesait 165 g !

DES DOIGTS SI LONGS !

Ce qui a le plus surpris les paléontologues lors de la découverte de ce dinosaure, ce sont ses doigts extrêmement longs. Son troisième doigt fait la moitié de la longueur totale de son corps ! Ces doigts incroyables lui servaient sûrement à s'agripper aux arbres dans lesquels il vivait et à dénicher les larves et insectes qui logeaient dans l'écorce. Aujourd'hui, un animal fait pareil : l'aye-aye.

Comme l'épidexiptéryx, l'aye-aye possède un doigt plus long que les autres, lui permettant notamment d'extraire les insectes cachés sous les écorces.

SINOSAUROPTERYX

Une bête à poils ou à plumes avec une très longue queue rayée et un masque de bandit : le sinosauroptéryx, découvert au XXe siècle, est encore loin d'avoir livré tous ses secrets.

UNE PETITE TERREUR

Sinosauropteryx prima était un petit théropode de la famille des compsognathidés, comme le célèbre *Compsognathus*. Lors de fouilles, des paléontologues ont retrouvé dans des estomacs de ce carnivore des restes fossilisés de mammifères, comme *Sinobaatar* et *Zhangheotherium*. Avec ses petites dents très acérées, il se nourrissait également de reptiles et d'insectes.

POILS OU PLUMES ?

Ce petit dinosaure était entièrement recouvert d'une sorte de fourrure ! C'étaient en fait des plumes très primitives, de simples filaments d'environ 3 cm de long, semblables au plumage des oiseaux comme celui de nos kiwis modernes. Tous les fossiles de *Sinosauropteryx* présentent une bonne conservation de ces filaments sortant de la peau, que l'on appelle aussi structures tégumentaires.

AUX COULEURS DU TIGRE

Sur le fossile, on peut nettement voir que la queue du sinosauroptéryx était rayée. Une étude au microscope a montré que les plumes contenaient des pigments colorés : une jolie teinte rouille orangé sur le corps, avec de larges bandes blanches sur la queue, un ventre blanc et un masque plus foncé sur les yeux. Un peu comme un raton laveur aux couleurs du tigre ! C'était probablement pour bien se camoufler dans un habitat de type savane. Et peut-être aussi pour faire le beau : comme l'a dit le célèbre paléontologue Michael Benton lors d'une conférence, « On n'a pas une queue avec des rayures orange et blanches pour rien ! »

LE SAVAIS-TU ?

Le sinosauroptéryx a la plus longue queue de tous les théropodes, par rapport à la taille du corps. Elle comporte 64 vertèbres ! Comme il se déplaçait rapidement, sa queue lui servait de balancier pour bien garder l'équilibre.

LA DÉCOUVERTE DU SIÈCLE

La découverte du sinosauroptéryx en 1996 est l'une des plus importantes découvertes paléontologiques du xxe siècle : il s'agit du tout premier exemple d'un dinosaure non avien (qui n'est pas l'ancêtre des oiseaux) recouvert de plumes. Et c'est la toute première fois que les scientifiques ont trouvé des traces de pigmentation dans les plumes d'un dinosaure !

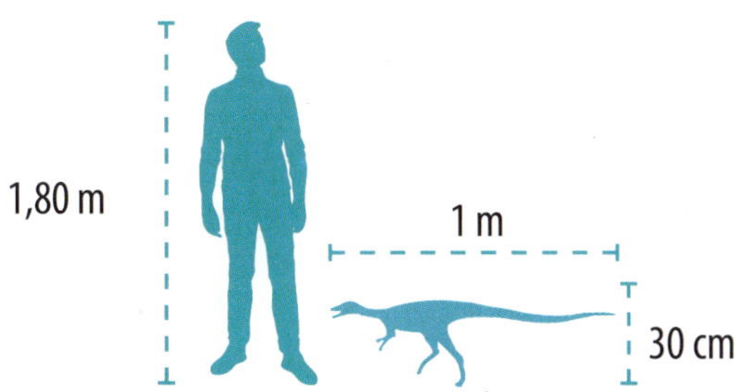

Nom scientifique : *Sinosauropteryx prima*
Étymologie : « première aile de lézard chinois »
Époque : Crétacé inférieur (entre -130 et -125 millions d'années)
Taille : 1 m à 1,20 m de long avec la queue, 30 cm de haut
Poids : 550 g
Régime alimentaire : carnivore
Répartition géographique : Chine
Année de la découverte : 1996

Le compsognathus est, comme le sinosauroptéryx, de la famille des compsognathidés.

MICRORAPTOR

Avec ses pattes transformées en ailes et ses plumes brillantes, cet étonnant dinosaure a permis de percer le mystère de l'évolution des oiseaux.

QUATRE AILES

Les deux pattes avant et les deux pattes arrière du microraptor étaient en fait comme des ailes, avec des plumes. Elles lui servaient non pas à voler comme beaucoup de nos oiseaux actuels mais plutôt à planer d'arbre en arbre dans la forêt dense. Les plumes des pattes arrière lui permettaient de rester stable et de changer de direction.

PETIT DINOSAURE ET GRAND MYSTÈRE

Ce petit dinosaure, qui appartient comme le deinonychus (voir pp. 44-45) à la famille des droméosauridés, a contribué à percer un grand mystère ! En effet, le fait que le microraptor et ses cousins de petite taille avaient des ailes et des plumes a permis de démontrer que les droméosauridés étaient extrêmement proches des oiseaux : les plus petits pouvaient planer d'arbre en arbre. En revanche, les plus gros, comme le deinonychus, ne pouvaient pas voler, ni même planer.

LE SAVAIS-TU ?

À ce jour, six squelettes presque complets ont été découverts dans la province du Lianoning, en Chine. Ce pays est un des endroits au monde où l'on trouve le plus de fossiles de dinosaures ailés et d'oiseaux.

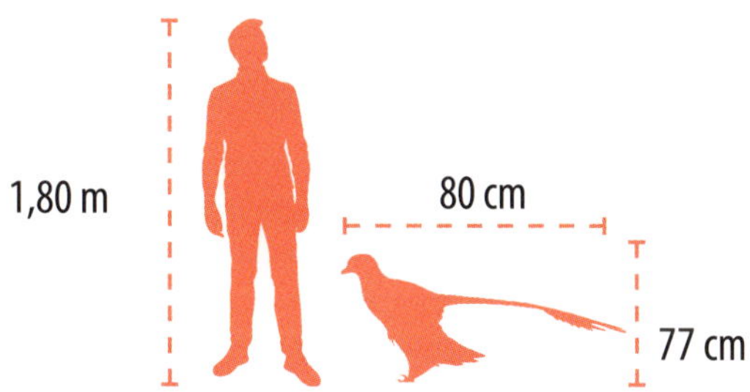

Nom scientifique : *Microraptor zhaonianus*
Étymologie : « petit voleur de Zhaonian »
Époque : Crétacé inférieur (vers -120 millions d'années)
Taille : 80 cm de long avec la queue, 77 cm de haut
Poids : 1 kg
Régime alimentaire : carnivore
Répartition géographique : Chine
Année de la découverte : 2003

ARC-EN-CIEL NOIR

Des analyses ont montré que les plumes du microraptor avaient des pigments noirs. Elles étaient aussi parcourues de reflets arc-en-ciel. Parfait pour séduire les femelles… Certains spécimens retrouvés possédaient aussi une huppe sur la tête, pour encore plus de style !

PETITS OISEAUX AU MENU

Le microraptor était un féroce petit carnivore, qui dévorait de tout petits mammifères, insectes et reptiles mais aussi des petits oiseaux. Eh oui ! Les oiseaux existaient déjà à cette époque, comme les énantiornithes qui faisaient partie du menu du microraptor.

AQUILOPS

Savais-tu que le tricératops avait un cousin de la taille d'un gros lapin, l'aquilops ? Ce dinosaure miniature et primitif venait d'Amérique du Nord.

UNE FAMILLE QUI VIENT D'ASIE

Bien qu'il ait été découvert en Amérique du Nord, l'aquilops ressemble beaucoup plus à ses cousins à cornes qui vivaient en Asie qu'à ceux d'Amérique du Nord. Comment est-ce possible ? Les paléontologues pensent qu'il y a peut-être eu à cette époque de grandes migrations de dinosaures d'un continent à l'autre.

QUI S'Y FROTTE S'Y PIQUE

Ce petit dinosaure arborait un bec crochu, comme un perroquet, idéal pour broyer la végétation qui était au menu. Et attention aux morsures ! Son bec était aussi orné d'une petite corne recourbée sur le dessus, avec une bosse sur le devant. Avec son crâne triangulaire, l'aquilops avait aussi une petite collerette épineuse et des joues protubérantes portant des sortes d'éperons, tout cela certainement pour se protéger des prédateurs comme le terrible *Deinonychus* (voir pp. 44-45) qui n'en faisait qu'une bouchée !

UNE QUESTION D'ÂGE

L'unique fossile d'aquilops que les paléontologues ont retrouvé – un crâne – est vraiment de petite taille. Les scientifiques ont estimé que cet aquilops était sans doute un adolescent ou un jeune adulte de la taille d'un gros lapin, qui n'avait atteint que 60 % de sa taille adulte. Mais comment le savent-ils ? Tout simplement en analysant les dents ou les os du crâne, qui peuvent indiquer si un animal est un bébé, un jeune ou un adulte.

LE SAVAIS-TU ?

Aquilops americanus est un des plus anciens dinosaures à cornes découvert à ce jour en Amérique du Nord. Pour te donner une idée, il vivait 40 millions d'années avant le tricératops (voir pp. 64-65) !

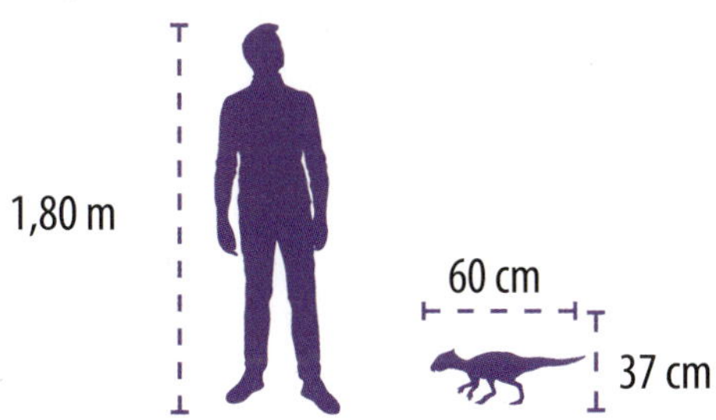

Nom scientifique : *Aquilops americanus*
Étymologie : « tête d'aigle américain »
Époque : Crétacé inférieur (entre -108 et -104 millions d'années)
Taille : 60 cm de long avec la queue, 37 cm de haut
Poids : 1,50 kg
Régime alimentaire : herbivore
Répartition géographique : Amérique du Nord (Montana)
Année de la découverte : 2014

Le deinonychus était l'un des prédateurs de l'aquilops.

EORAPTOR

L'un des plus anciens dinosaures connus est un petit sauropode qui ressemblait à un théropode ! Il était très primitif et vivait il y a 230 millions d'années.

PAS UN THÉROPODE !

Bien qu'il ressemble à un théropode – comme le vélociraptor (voir pp. 36-37) –, se tienne sur deux pattes et soit carnivore (ou omnivore), l'éoraptor appartient en fait au groupe des sauropodes, comme le diplodocus ! Les paléontologues l'expliquent par son pouce retourné vers l'intérieur, comme pour tous les sauropodes. Il n'est donc pas un « vrai » raptor comme ses terribles cousins.

LE SAVAIS-TU ?

L'éoraptor est l'un des plus anciens dinosaures connus ! Il vivait au Trias, il y a environ 230 millions d'années et a côtoyé des créatures très primitives comme l'archosaure.

CARNIVORE OU OMNIVORE ?

Le débat fait rage entre les paléontologues : l'éoraptor était-il carnivore ou omnivore ? Avec ses petites dents acérées et son museau allongé, on sait déjà qu'il mangeait de petites proies. Pourtant, sa mâchoire n'est pas aussi évoluée que celle des prédateurs, elle n'est pas faite pour chasser. Il a aussi des dents hétérodontes, c'est-à-dire des dents de petit herbivore comme *Heterodontus*. En fait, *Eoraptor* était tellement primitif au niveau de l'évolution qu'il n'était pas encore « spécialisé ». Il se nourrissait probablement de plantes et de petits animaux déjà morts.

VOISINS REPTILIENS

Au temps d'*Eoraptor*, c'étaient surtout des reptiles qui régnaient sur le monde, comme les gros rauisuchiens quadrupèdes, par exemple les phytosaures aux allures de crocodiles et les aétosaures avec leur bec et leur armure.

TOUT EN LONGUEUR

L'éoraptor avait cinq longs doigts à chaque main. Son cou et sa queue étaient aussi très longs. Cela en faisait probablement l'animal le plus rapide de son temps, comparé aux autres créatures primitives avec qui il partageait son territoire. Des paléontologues suggèrent qu'il marchait sur la pointe des pieds.

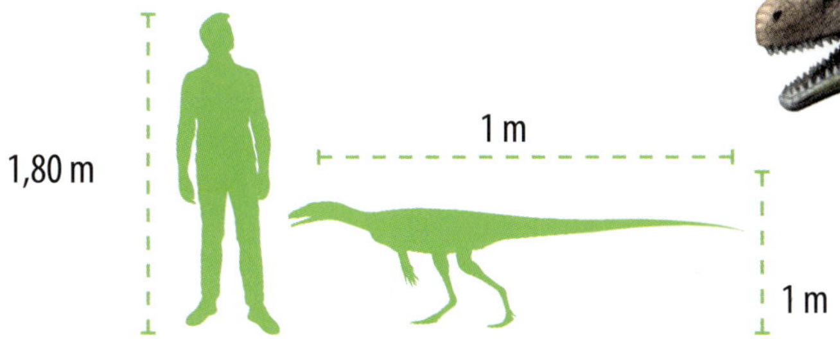

Eodromaeus *partageait son territoire avec* Eoraptor.

Nom scientifique : *Eoraptor lunensis*
Étymologie : « voleur de l'aube »
Époque : Trias supérieur (entre -230 et -225 millions d'années)
Taille : 1 m de long avec la queue, 1 m de haut
Poids : 10 kg
Régime alimentaire : carnivore ou omnivore
Répartition géographique : Argentine
Année de la découverte : 1993

DILONG

Ce petit « dragon empereur » de 15 kg était certes recouvert de plumes mais il ne pouvait pas voler. Son cousin était le terrible *Tyrannosaurus rex*.

PLUMES DE POUSSIN

Le dilong était recouvert de protoplumes, c'est-à-dire de plumes primitives pas aussi sophistiquées que celles de nos oiseaux actuels. Elles ne lui permettaient pas de voler, mais elles le protégeaient du froid !
Les paléontologues pensent que ce sont surtout les jeunes qui avaient des plumes. Pourquoi ? Il faut savoir que plus on est petit, plus vite on se refroidit. En effet, quand on a un corps avec un volume important, la chaleur reste plus longtemps. C'est pourquoi les bébés *Dilong* avaient besoin d'un bon manteau pour rester au chaud.

DRAGON CHINOIS

Le nom scientifique des dinosaures vient souvent du grec ou du latin, et décrit – entre autres – leur forme ou leur lieu d'origine. Mais il y a des exceptions ! Le nom dilong vient du chinois, car ce dinosaure a été découvert en Chine. Il signifie « dragon empereur », en raison de son lien de parenté avec *Tyrannosaurus rex* (voir pp. 68-69). Eh oui, les Chinois voulaient avoir leur propre dinosaure impérial, comme les Américains avaient leur dinosaure royal *Tyrannosaurus rex* (« roi des lézards tyrans ») !

DIFFÉRENT DU *TYRANNOSAURUS REX*

Bien que proche du tyrannosaure par bien des aspects, le dilong s'en distinguait notamment par sa petite taille, des membres antérieurs proportionnellement plus grands et des mains à trois doigts (deux doigts pour le tyrannosaure).

LE SAVAIS-TU ?

Les paléontologues sont de plus en plus nombreux à penser que le fossile de 1,60 m de long qui a servi à la description de l'espèce est peut-être celui d'un jeune dinosaure. S'ils ont raison, un adulte pourrait alors mesurer 2 m de long !

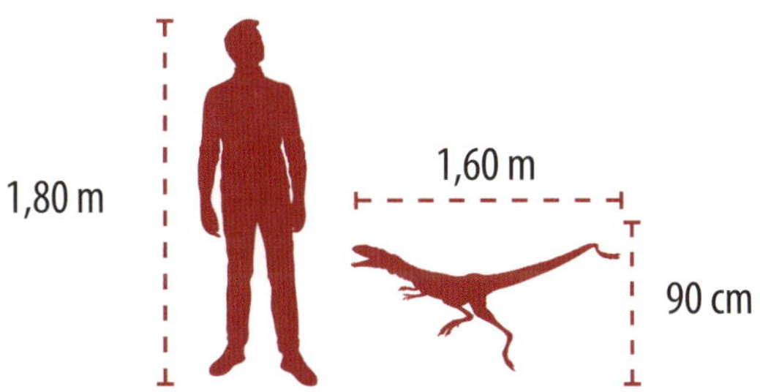

Nom scientifique : *Dilong paradoxus*
Étymologie : « dragon empereur paraxodal »
Époque : Crétacé inférieur (entre -129 et -125 millions d'années)
Taille : 1,60 m de long avec la queue, 90 cm de haut
Poids : 15 kg
Régime alimentaire : carnivore
Répartition géographique : Chine
Année de la découverte : 2004

OVIRAPTOR

On a longtemps pris l'oviraptor pour un voleur d'œufs alors qu'il protégeait en fait les siens ! Découvert en Mongolie, il a révolutionné notre façon de considérer les dinosaures, peut-être pas si « terribles » que cela par certains côtés !

UNE « MAMAN POULE » !

Son nom, qui signifie « voleur d'œufs qui aime les cératopsiens », lui vient du fait que le premier fossile découvert en 1923 a été retrouvé au-dessus d'un tas d'œufs. Les paléontologues ont alors pensé qu'il s'agissait d'œufs de protocératops (voir pp. 38-39) destinés à son déjeuner… jusqu'à ce qu'ils découvrent qu'il s'agissait en fait d'œufs d'oviraptor ! Eh oui, l'oviraptor était une « maman poule » (ou un papa ?) : en fait, l'oviraptor retrouvé protégeait ses propres œufs et a été enseveli par une tempête de sable. Cette découverte a été fondamentale pour la paléontologie : c'est la première fois qu'on a pu prouver que les dinosaures prenaient soin de leurs petits.

IL RESSEMBLE À SON COUSIN

L'oviraptor avait une belle crête sur le haut du crâne, comme le casoar actuel. Il était recouvert de plumes sur presque tout le corps. Du fait que les fossiles d'*Oviraptor* retrouvés sont très incomplets, les illustrations de ce dinosaure sont surtout réalisées à partir de ce que l'on sait de son proche cousin, le citipati, un oviraptoridé plus grand, mais qui lui ressemblait énormément.

FRUITS DE MER AU MENU

L'oviraptor était omnivore. Que se mettait-il sous la dent ? Ou plutôt sous le bec !? En effet, ce dinosaure n'avait pas de dents mais possédait un gros bec. Il lui servait à broyer les crustacés et mollusques qui étaient à son menu, comme les palourdes. Il mangeait aussi des petits lézards, de la verdure et pourquoi pas des petits dinosaures.

LE SAVAIS-TU ?

L'oviraptor a été découvert dans le désert de Gobi, un endroit légendaire : c'est aussi là qu'on a trouvé les restes fossilisés de l'incroyable combat entre un vélociraptor (voir pp. 36-37) et un protocératops (voir pp. 38-39) !

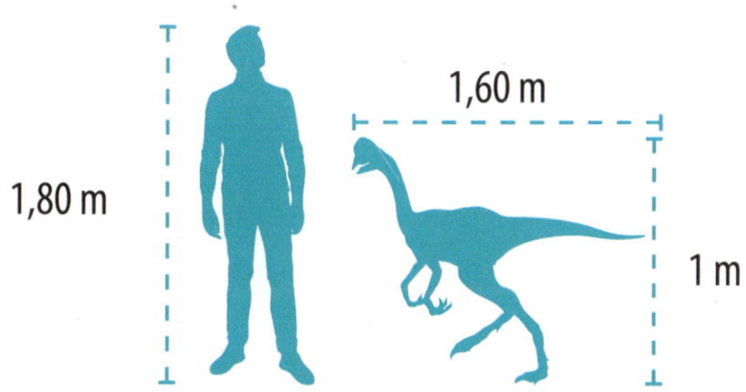

Nom scientifique : *Oviraptor philoceratops*
Étymologie : « voleur d'œufs qui aime les cératopsiens »
Époque : Crétacé supérieur (entre -80 et -72 millions d'années)
Taille : 1,60 m de long avec la queue, 1 m de haut
Poids : 20 kg
Régime alimentaire : omnivore
Répartition géographique : Mongolie
Année de la découverte : 1923

Le citipati et l'oviraptor se ressemblent beaucoup.

HYPSILOPHODON

Taillé pour la course, ce petit ornithopode herbivore était capable de distancer ses nombreux prédateurs ! Cousin de l'iguanodon, il vivait en grand nombre dans les forêts du Crétacé.

UN COUREUR DE COMPÉTITION

L'hypsilophodon était un des dinosaures ornithischiens le mieux adapté à la course. Il pouvait courir extrêmement vite ! Tout son corps était conçu pour cela : un squelette léger, des pattes arrière puissantes et une queue raide renforcée par des tendons osseux pour bien garder l'équilibre.

HERBIVORE À BEC

Comme tous les ornithopodes, l'hypsilophodon était un herbivore. Il possédait un bec corné, comme celui des tortues, qui lui permettait de couper les feuilles et les pousses d'arbres. Il avait aussi de grosses joues dans lesquelles il stockait plein de verdure pour prendre le temps de la mâcher avec ses mâchoires aux muscles puissants.

LES « BICHES DU MÉSOZOÏQUE » !

Les paléontologues ont découvert beaucoup de squelettes d'hypsilophodons sur certaines zones. Cela veut dire que ces herbivores vivaient probablement en grands groupes dans la forêt. Pour cette raison, on les appelle souvent « les biches du Mésozoïque ».

LE SAVAIS-TU ?

Quand il a été découvert en 1849, on a pensé que le squelette fossilisé de l'hypsilophodon était celui d'un jeune iguanodon (voir pp. 56-57). C'est seulement en 1870 qu'un paléontologue a confirmé qu'il s'agissait d'une autre espèce !

DES DOIGTS PRIMITIFS

Comme il avait quatre orteils aux pieds et des mains à cinq doigts, les paléontologues ont longtemps pensé que l'hypsilophodon pouvait grimper aux arbres comme les petits kangourous arboricoles. Jusqu'à ce qu'ils s'aperçoivent qu'en fait ses doigts n'étaient pas du tout adaptés à cela : ils sont une caractéristique très primitive que l'on ne trouve pas chez les dinosaures plus évolués et que l'hypsilophodon a conservée sans que l'on sache pourquoi.

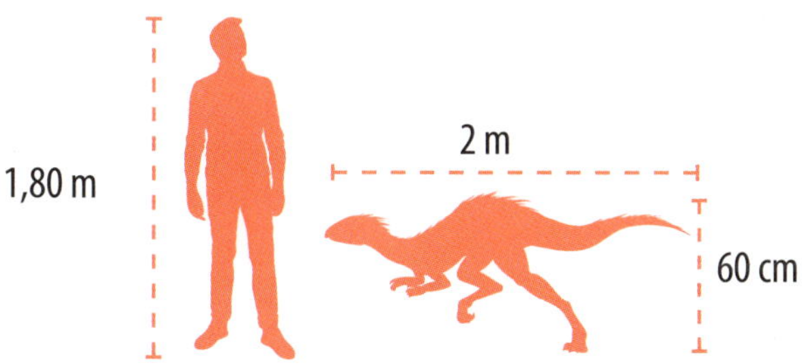

Nom scientifique : *Hypsilophodon foxii*
Étymologie : « dent en crête immense de Fox »
Époque : Crétacé inférieur (entre -125 et -120 millions d'années)
Taille : 2 m de long avec la queue, 60 cm de haut
Poids : 21 kg
Régime alimentaire : herbivore
Répartition géographique : Europe (Royaume-Uni, Espagne, Portugal), États-Unis (Dakota)
Année de la découverte : 1849

PSITTACOSAURUS

Avec plusieurs centaines de fossiles découverts à ce jour, ce curieux dinosaure très sociable, à bec de perroquet, est l'un des plus connus et des plus étudiés au monde.

UN CÉRATOPSIEN VRAIMENT DIFFÉRENT

Le psittacosaure appartient au groupe des cératopsiens (voir p. 9), comme le protocératops (voir pp. 38-39) et le tricératops (voir pp. 64-65). Mais contrairement à eux, il marchait sur deux pattes et ne portait ni corne ni collerette ! Sa queue était recouverte de grandes épines pour se protéger des prédateurs. Un dinosaure vraiment à part !

EN GROUPE AVEC DES BÉBÉS

En 2004, des paléontologues ont fait une découverte incroyable : un psittacosaure adulte dans un nid avec 34 bébés ! Autre découverte étonnante : un troupeau de six psittacosaures avec plein de jeunes venant de deux portées différentes, et donc d'âges différents. Ces trouvailles montrent que cette espèce vivait en groupe et prenait soin de ses petits (et peut-être de ceux des autres).

DES PIERRES POUR DIGÉRER

Le psittacosaure avait un bec lui permettant de couper les plantes, mais il n'avait pas de dents pour les mâcher ! Il mangeait donc aussi de petites pierres, appelées gastrolithes, qui, en passant dans le système digestif, écrasaient la nourriture pour qu'elle soit bien digérée. Aujourd'hui, les oiseaux font pareil avec du sable ou du gravier. Ils ont même un organe spécialement fait pour cela, le gésier. On ne sait pas encore si le psittacosaure en avait un.

PLUS DE 400 FOSSILES !

Avec ses dix espèces différentes, *Psittacosaurus* est le genre de dinosaure dont on a retrouvé le plus de fossiles : plus de 400 à ce jour ! Et des individus de toutes les tailles et de tous les âges. Cela permet de savoir beaucoup de choses sur sa croissance et sa reproduction. Ce fossile est tellement abondant qu'il sert même comme indice pour évaluer l'âge de certaines couches de sédiments en Asie centrale !

LE SAVAIS-TU ?

Ce dinosaure a reçu le nom de *Psittacosaurus*, qui signifie « lézard perroquet », car il possédait un bec semblable à celui des perroquets. Il lui servait à couper les plantes destinées à son repas.

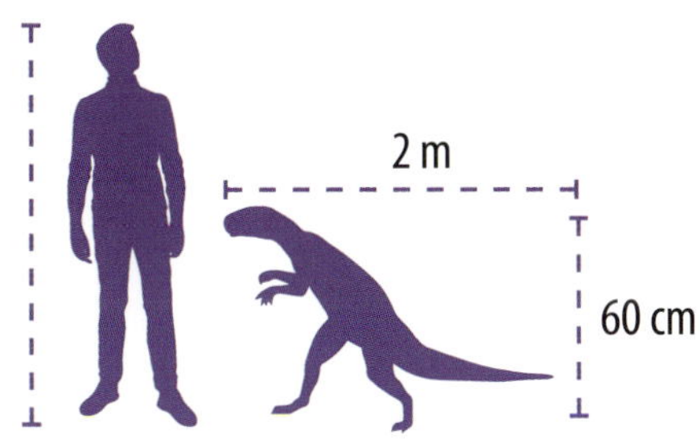

Nom scientifique : *Psittacosaurus mongoliensis*
Étymologie : « lézard perroquet de Mongolie »
Époque : Crétacé inférieur (entre -130 et -100 millions d'années)
Taille : 2 m de long avec la queue, 60 cm de haut
Poids : 23 kg
Régime alimentaire : herbivore
Répartition géographique : Mongolie, Chine, Laos, Russie
Année de la découverte : 1923

VELOCIRAPTOR

Le vélociraptor, avec ses terribles griffes, figure dans les différents films de la saga *Jurassic Park*. Mais savais-tu qu'en réalité ce dinosaure était très différent de ce qui est montré dans ces films ?

AVEC DES PLUMES COMME LES OISEAUX

On sait maintenant que le vélociraptor était entièrement recouvert de plumes, avec même une jolie crête sur la tête. Les paléontologues pensent qu'elles étaient de plusieurs couleurs : brune, rouille, grise et noire. Ces couleurs discrètes lui servaient sûrement à se camoufler dans les zones arides où il habitait. Le vélociraptor avait des ailes entièrement formées avec de larges plumes, tout comme celles des oiseaux… mais il était trop lourd pour voler !

JURASSIC PARK AVAIT TOUT FAUX !

Dans les films de la saga *Jurassic Park*, on voit des vélociraptors beaucoup trop grands. Mais pourquoi donc ? Dans de nombreuses scènes, les vélociraptors étaient joués par des hommes en costume ! Les dinosaures étaient donc à taille humaine. En fait, les dromaeosauridés qui ont cette taille sont les deinonychus (voir pp. 44-45). Pourquoi alors utiliser le nom de vélociraptor dans le film ? Tout simplement parce que le réalisateur trouvait que cela sonnait bien !

LA GRIFFE DE LA MORT

Le vélociraptor n'utilisait que deux de ses trois doigts aux pieds pour marcher. Son troisième doigt avait une tout autre fonction. Il était doté d'une terrible arme : une grosse griffe de 6,50 cm de long que le vélociraptor pouvait positionner presque à la verticale ! Il pouvait l'utiliser pour se défendre ou attaquer en poignardant un adversaire. Il pouvait aussi s'en servir pour harponner ses proies afin de les maintenir en place pendant qu'il les mordait au cou. Cette griffe était ensuite très pratique pour les déchiqueter !

LE SAVAIS-TU ?

Velociraptor doit son nom de « voleur rapide » à la vitesse qu'il pouvait atteindre en courant : 40 km/h ! Il faisait ainsi partie des dinosaures les plus rapides du monde. Sa longue queue rigide lui permettait de rester stable et de changer rapidement de trajectoire.

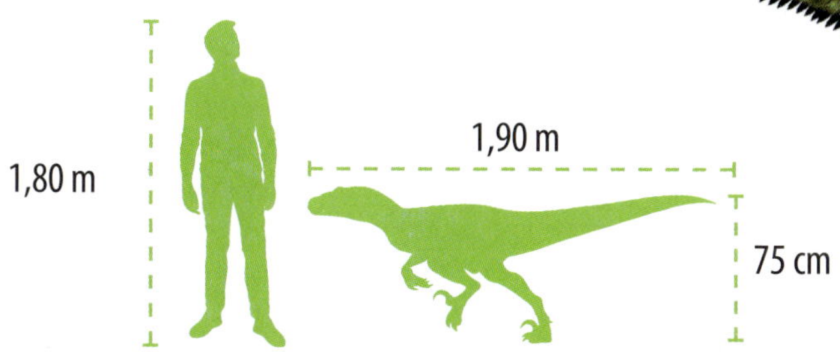

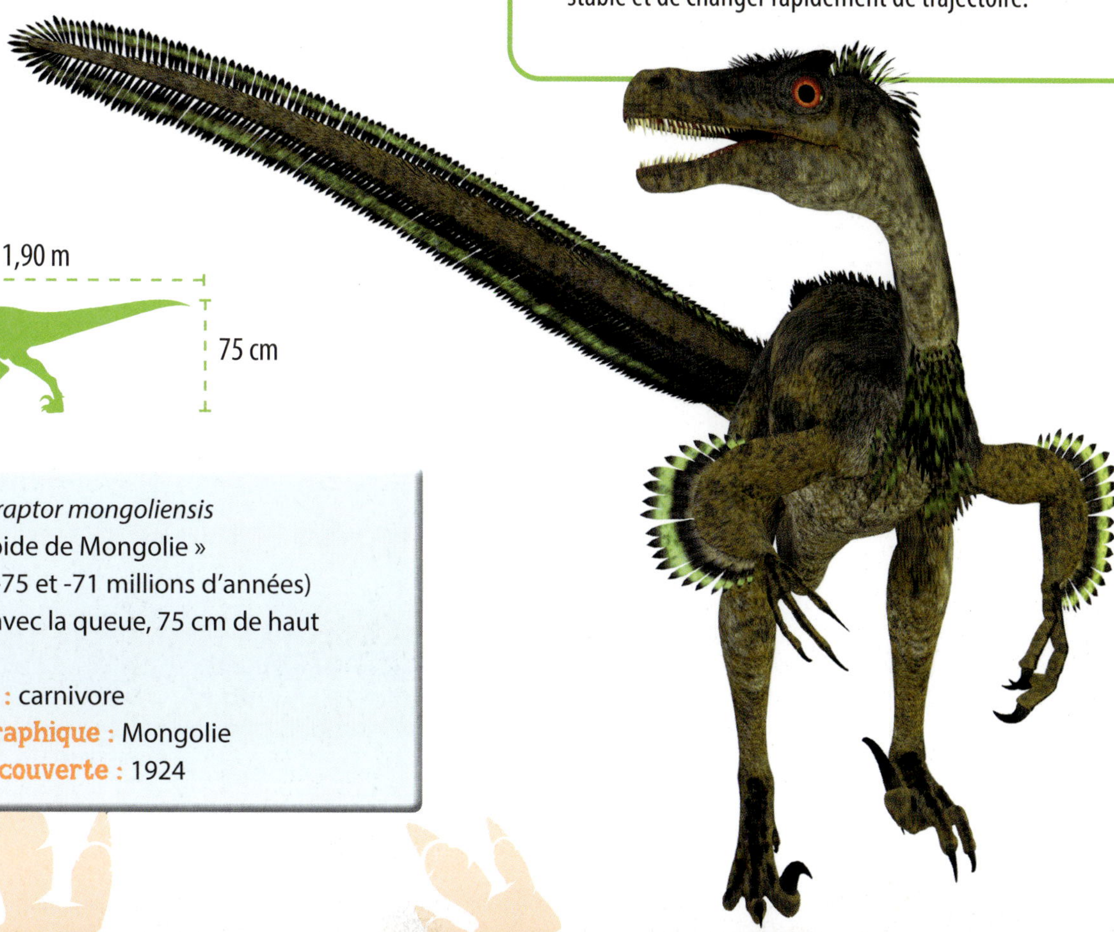

Nom scientifique : *Velociraptor mongoliensis*
Étymologie : « voleur rapide de Mongolie »
Époque : Crétacé (entre -75 et -71 millions d'années)
Taille : 1,90 m de long avec la queue, 75 cm de haut
Poids : 15 à 20 kg
Régime alimentaire : carnivore
Répartition géographique : Mongolie
Année de la découverte : 1924

PROTOCERATOPS

Ce cératopsien du Crétacé, dont on a retrouvé de très nombreux fossiles, vivait en famille. Il n'avait pas de cornes mais un bec très puissant !

NIDS COMMUNAUTAIRES

En 1922, des paléontologues ont retrouvé les tout premiers œufs de dinosaures. Il s'agissait d'œufs de protocératops. Il y avait aussi plein de nids tout près les uns des autres, et certains contenaient une trentaine d'œufs, appartenant à plusieurs femelles. Cela signifie que les protocératops nidifiaient en groupe et vivaient en famille ou en petits troupeaux. À l'éclosion, les bébés mesuraient 30 cm. Les mamans leur apportaient de la verdure à manger au nid et les défendaient contre les prédateurs.

ADAPTÉ À LA VIE DANS LE DÉSERT

Le protocératops vivait dans le désert, dans une zone située actuellement dans le désert de Gobi (Mongolie). Certains paléontologues pensent qu'il creusait des terriers. Cela pourrait expliquer pourquoi l'on trouve autant de fossiles de protocératops : à l'époque, les tempêtes de sable étaient fréquentes et bouchaient l'entrée des terriers, piégeant ainsi les animaux que se trouvaient à l'intérieur.

UN CRÂNE DE LÉGENDE

Le protocératops est l'un des premiers cératopsiens. Dépourvu de corne, il porte cependant une jolie collerette renforcée en haut du cou, comme un bouclier. Au bout du museau, il possède un bec qui lui permet de broyer les végétaux coriaces. L'historienne Adrienne Mayor pense que la découverte de crânes de *Protoceratops* dans l'Antiquité a été à l'origine du mythe des griffons, des créatures imaginaires qui ressemblent à des lions avec un bec d'oiseau.

UNE SCÈNE DE COMBAT FIGÉE DANS LA ROCHE

En 1971, des paléontologues ont trouvé les restes fossilisés d'une scène incroyable : un protocératops en train de se faire attaquer par un vélociraptor (voir pp. 36-37). Ce dernier venait de lui planter sa terrible griffe dans le cou ! En plein combat, les deux dinosaures ont été ensevelis par une tempête de sable ou un glissement de terrain.

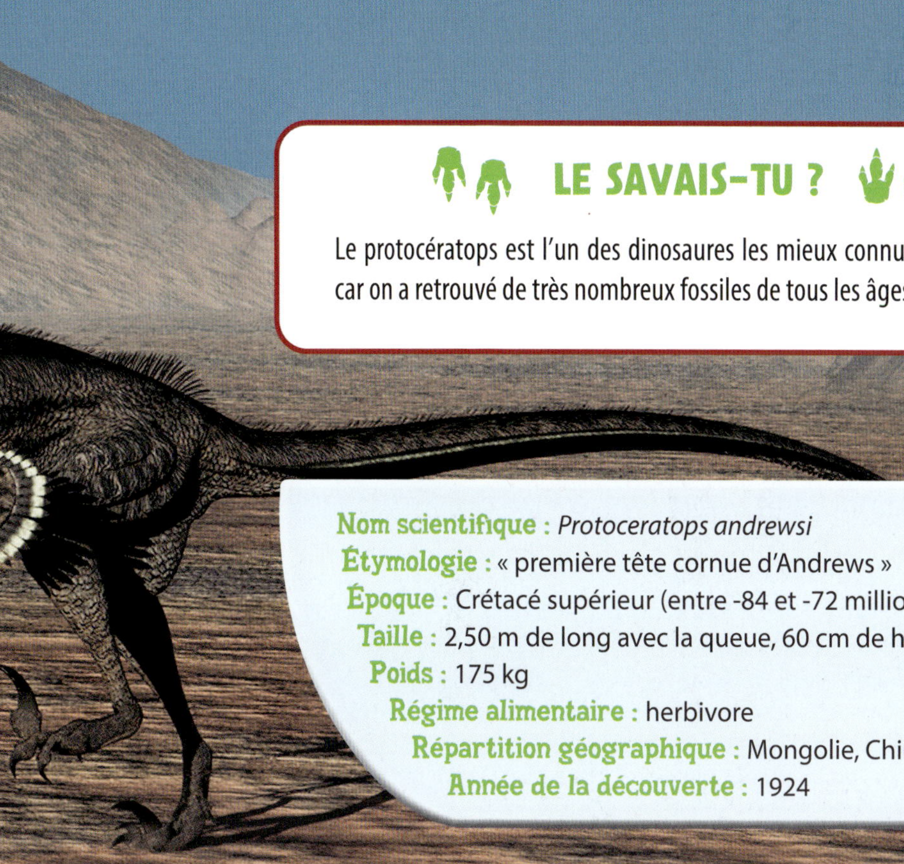

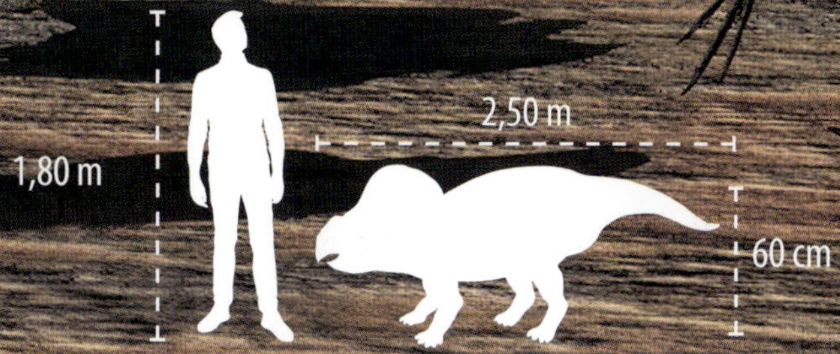

LE SAVAIS-TU ?

Le protocératops est l'un des dinosaures les mieux connus au monde, car on a retrouvé de très nombreux fossiles de tous les âges.

Nom scientifique : *Protoceratops andrewsi*
Étymologie : « première tête cornue d'Andrews »
Époque : Crétacé supérieur (entre -84 et -72 millions d'années)
Taille : 2,50 m de long avec la queue, 60 cm de haut
Poids : 175 kg
Régime alimentaire : herbivore
Répartition géographique : Mongolie, Chine
Année de la découverte : 1924

UNAYSAURUS

Tous les sauropodes ne sont pas énormes ! Ce dinosaure très primitif et cousin du platéosaure ne pesait que 70 kg. Il est un des plus anciens dinosaures que l'on connaisse !

UN ANCIEN TRÉSOR INESTIMABLE

Unaysaurus est l'un des plus anciens dinosaures du monde ! Comme beaucoup de dinosaures très primitifs, ses mains possédaient cinq doigts. Mais on ne sait pas trop à quoi ils servaient ! Ce dinosaure marchait sur ses deux pattes arrière. Par chance, ses fossiles sont très bien conservés, avec des squelettes presque complets : des trésors inestimables pour comprendre comment les dinosaures ont évolué depuis leur apparition sur Terre.

PETIT MAIS COSTAUD

Avec ses 2,50 m de long et ses 70 cm de haut, l'unaysaure est l'un des plus petits sauropodomorphes connus. Il est assez étonnant car, habituellement, ce groupe de dinosaures est surtout constitué de très grosses bêtes avec un long cou, par exemple le diplodocus (voir pp. 72-73) ou le brachiosaure.

UN NOM BRÉSILIEN

L'unaysaure a été découvert au sud du Brésil, dans la zone qui, à l'époque, était rattachée à l'Afrique du Nord, sur le super-continent appelé Pangée. Il vivait dans une région aujourd'hui appelée Aqua Negra (« Eaux Noires »). Dans la langue locale (le tupi), « eaux noires » se dit *unay*, d'où le nom de ce dinosaure : *Unaysaurus*. Quant au nom de l'espèce, *tolentinoi*, il vient du nom de la personne qui a découvert ce dinosaure, Tolentino Marafiga.

AFFAIRES DE FAMILLE

Le cousin le plus proche de l'unaysaure est le platéosaure, découvert en Allemagne. Comme on ne sait pas beaucoup de choses sur l'unaysaure, les paléontologues se basent souvent sur ce qu'ils connaissent du platéosaure. C'est d'ailleurs pour cela qu'il avait été placé dans la famille des platéosauridés, mais cela a changé en 2018 : il a désormais donné son nom à sa propre famille, les unaysauridés.

LE SAVAIS-TU ?

Bien qu'étant parmi les plus anciens dinosaures au monde, les fossiles d'unaysaure sont très bien conservés et les squelettes sont presque complets.

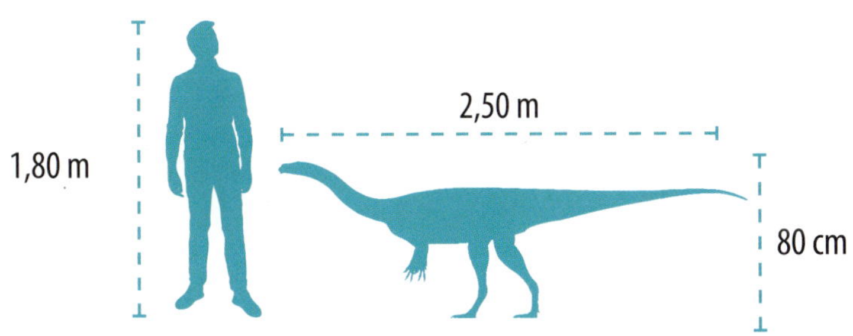

Nom scientifique : *Unaysaurus tolentinoi*
Étymologie : « lézard des eaux noires de Tolentino »
Époque : Trias supérieur (entre -225 et -201 millions d'années)
Taille : 2,50 m de long avec la queue, 70 à 80 cm
Poids : 70 kg
Régime alimentaire : herbivore
Répartition géographique : Brésil
Année de la découverte : 2004

Le platéosaure est le dinosaure le plus proche physiquement de l'unaysaure.

DRACOREX

En Amérique du Nord, au Crétacé, ce petit « dragon » casqué de 100 kg était capable de se défendre contre les raptors et les tyrannosaures.

LE ROI DES DRAGONS DE POUDLARD !

Le dracorex a été découvert en 2006 par des chasseurs de fossiles amateurs, dans le Dakota du Sud (États-Unis). Le genre, *Dracorex*, a été nommé ainsi en raison de l'aspect de son crâne, qui le fait vraiment ressembler à un dragon (*Draco*), et de sa belle couronne d'épines (*rex* : roi). Le nom de l'espèce, *hogwartsia*, vient tout droit de la saga *Harry Potter* de J. K. Rowling ! En effet, Hogwarts est le nom anglais de Poudlard, la célèbre école de magie.

UN CASQUE SUR LA TÊTE

Le dracorex se caractérise par un crâne exceptionnel : il pouvait faire 25 cm d'épaisseur et servait de casque pour protéger le cerveau quand les mâles se battaient entre eux en se donnant des coups de tête. Ils le faisaient pour établir la dominance dans un groupe, ou pour se disputer les femelles ou le territoire. Des scientifiques pensent même que le dracorex donnait des coups de tête aux flancs des raptors et des tyrannosaures pour les intimider !

VIANDE AU MENU ?

Feuilles d'arbres, buissons, fruits et graines : tel était le régime alimentaire du dracorex, qui était herbivore comme tous les pachycéphalosauriens.

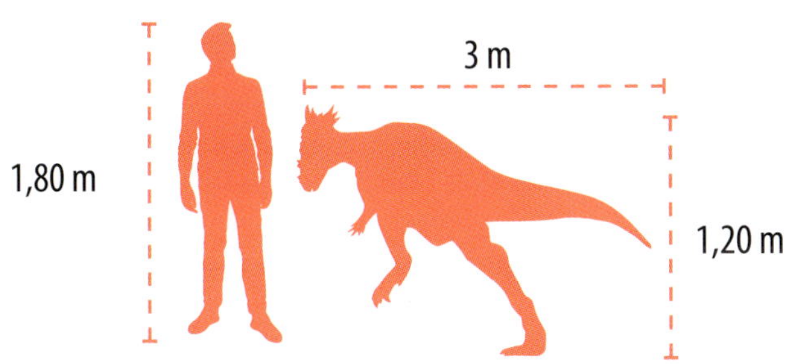

Nom scientifique : *Dracorex hogwartsia*
Étymologie : « roi des dragons d'Hogwarts »
Époque : Crétacé supérieur (entre -69 et -66 millions d'années)
Taille : 3 m de long avec la queue, 1,20 m de haut
Poids : 100 kg
Régime alimentaire : herbivore
Répartition géographique : Amérique du Nord
Année de la découverte : 2006

LE SAVAIS-TU ?

On connaît mal l'anatomie du dracorex parce que seuls des morceaux de crâne ont été découverts. Alors si tu vois des reconstitutions de dracorex dans un musée ou des illustrations, sache que seule la tête est une tête de dracorex, le corps est toujours celui d'un pachycéphalosaure !

Pour couper la végétation coriace, il était équipé de petites dents très tranchantes… comme celles de certains théropodes ! Peut-être avait-il aussi de la viande au menu ?

DRACOREX OU PACHYCÉPHALOSAURE ?

Certains paléontologues pensent que le fossile de *Dracorex* découvert en 2006 serait en fait celui d'un bébé *Pachycephalosaurus*. Mais pour quelle raison ? Tout d'abord, parce que les deux dinosaures sont très similaires. Mais comment peut-on dire qu'il s'agit de la même espèce, alors que leurs crânes sont vraiment différents ? En effet, celui du pachycéphalosaure est bien arrondi, alors que celui du dracorex est plat et porte des épines. Les paléontologues expliquent qu'au cours de la croissance le crâne des bébés *Pachycephalosaurus* s'épaississait et devenait de plus en plus rond. Quant aux épines, elles s'usaient tout simplement lors des combats.

Bien que physiquement proche du dracorex, le pachycéphalosaure s'en distingue par un crâne arrondi.

DEINONYCHUS

Avec ses terribles griffes, ce terrifiant théropode pouvait infliger de très graves blessures. Et grâce à ses ressemblances avec l'archéoptéryx, il a bouleversé les théories sur l'évolution des oiseaux.

DE TERRIBLES GRIFFES

Deinonychus veut dire « terrible griffe ». En effet, cette effrayante créature avait une grande griffe recourbée au deuxième orteil, comme le vélociraptor (voir pp. 36-37) : une arme idéale pour poignarder un adversaire ou harponner et déchiqueter une proie ! John Harold Ostrom, le paléontologue qui a découvert le deinonychus, le compare à l'autruche et au casoar, qui peuvent infliger de graves blessures avec une griffe similaire. Ce dinosaure avait aussi une grande griffe à chacun des doigts de ses pattes avant, dont il se servait probablement pour attraper des proies ou s'y agripper.

UN HABITANT DES MARAIS

Le deinonychus vivait dans des marais et des plaines inondables, entourés de forêts tropicales ou subtropicales. Cet habitat rappelle beaucoup la Louisiane d'aujourd'hui, un État situé au sud-est des États-Unis qui présente beaucoup de marais humides. On sait aussi que le deinonychus partageait son milieu avec des dinosaures herbivores, comme *Sauropelta*, et les ornithopodes *Zephyrosaurus* et *Tenontosaurus*. Ces derniers étaient probablement à son menu.

UN DINOSAURE RÉVOLUTIONNAIRE

Avant les années 1960, les scientifiques pensaient que tous les dinosaures étaient des bêtes assez lentes et lourdes, à sang froid, comme des gros reptiles. La découverte du deinonychus a révolutionné leur façon de penser, car ils se sont rendu compte que ce dinosaure était léger, rapide et à sang chaud ! Et le fait que ses pattes avant ressemblent beaucoup à celles de l'archéoptéryx a permis de lancer l'idée que les oiseaux descendent de certains dinosaures.

LE SAVAIS-TU ?

Le nom de l'espèce, *antirrhopus*, signifie « contrepoids », et se réfère au rôle de la queue de ce dinosaure : elle lui permettait de faire contrepoids, de se stabiliser pour garder l'équilibre quand il était perché sur une proie qui se débattait.

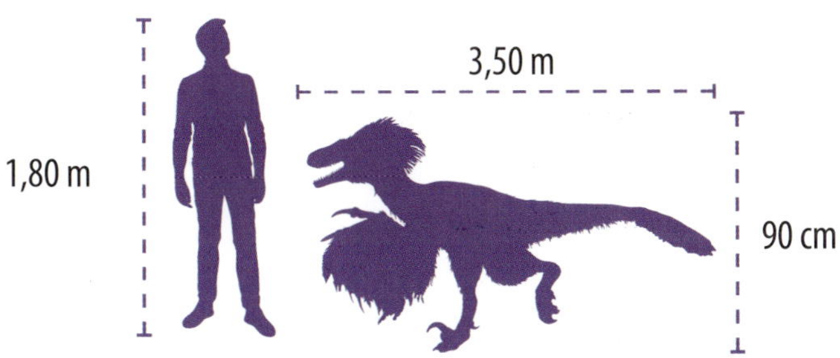

Nom scientifique : *Deinonychus antirrhopus*
Étymologie : « terrible griffe en contrepoids »
Époque : Crétacé inférieur (entre -115 et -108 millions d'années)
Taille : 3,50 m de long avec la queue, 90 cm de haut
Poids : 75 à 100 kg
Régime alimentaire : carnivore
Répartition géographique : États-Unis (Montana, Wyoming, Oklahoma)
Année de la découverte : 1969

Tenontosaurus *semble avoir été une des proies de* Deinonychus.

SCELIDOSAURUS

Le scélidosaure est l'un des plus anciens ankylosauriens que l'on connaisse et aussi l'un des plus petits ! Il vivait peut-être complètement isolé sur une île en Angleterre.

PETIT ET PRIMITIF

Le scélidosaure est un ornithischien herbivore qui appartient au grand « groupe » des ankylosauriens. Il est vraiment petit si on le compare aux autres dinosaures du même groupe. Comme eux, il était cuirassé, mais en version beaucoup plus primitive. Il portait plusieurs rangées de plaques et de piquants osseux (les ostéodermes), pour se protéger des prédateurs.

DES PIERRES AU MENU

On sait que le scélidosaure mangeait des plantes basses comme les cycas, peut-être des fruits, mais aussi des algues. Mais sa mâchoire était très simple, comme celle du stégosaure (voir pp. 58-59) : il pouvait seulement la bouger de bas en haut. Normalement, pour mâcher, il faut pouvoir bouger la mâchoire de droite à gauche, comme les vaches ! Alors, pour bien digérer les plantes coriaces, le scélidosaure avalait des petites pierres (des gastrolithes) qui broyaient la nourriture une fois dans son estomac. Heureusement, ce dinosaure avait un bon bec corné pour pouvoir couper les plantes à leur base.

LE ROBINSON DES DINOSAURES

Certains paléontologues estiment que le scélidosaure vivait uniquement sur une petite île, qui se trouve aujourd'hui dans la région du Dorset, en Angleterre. Ils expliquent que ce dinosaure vivait très isolé, comme notre actuel dragon de Komodo qu'on ne trouve que sur l'île de Komodo (Indonésie). Cela expliquerait aussi pourquoi on a retrouvé des algues dans son estomac !

LE SAVAIS-TU ?

Si l'espèce *Scelidosaurus harrisonii* a été découverte et décrite en 1861, le genre *Scelidosaurus* a reçu son nom dès 1858 de Richard Owen, naturaliste britannique, qui a créé le mot « dinosaure » en 1842.

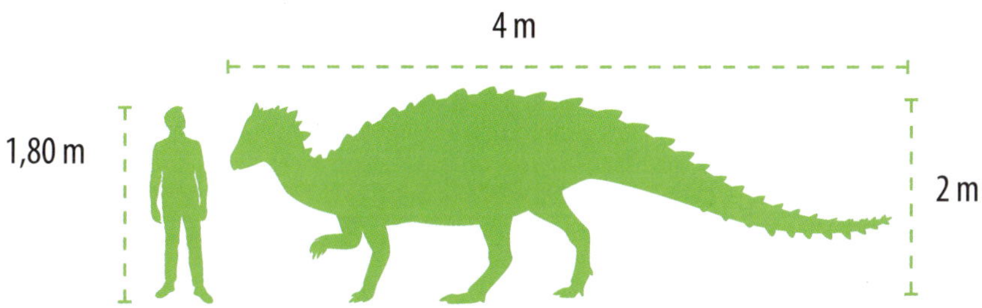

Nom scientifique : *Scelidosaurus harrisonii*
Étymologie : « lézard à jambe remarquable »
Époque : Jurassique (vers -200 millions d'années)
Taille : 4 m de long avec la queue, 2 m de haut
Poids : 250 kg
Régime alimentaire : herbivore
Répartition géographique : Royaume-Uni (Angleterre)
Année de la découverte : 1861

DILOPHOSAURUS

Ce gros théropode de 500 kg ne ressemble pas du tout à la petite bête présentée dans les films de la saga *Jurassic Park* ! Et il n'attaquait pas ses victimes en crachant du venin mais en les lacérant avec ses griffes.

DEUX CRÊTES SINON RIEN

Le dilophosaure n'avait pas une crête mais deux crêtes sur le haut du crâne, et c'est de là que vient son nom scientifique. Pourquoi deux crêtes ? Selon certains paléontologues, les crêtes étaient plus grandes chez les mâles. Cela veut dire qu'elles avaient un rôle dans la sélection sexuelle : elles étaient utilisées pour attirer les femelles, probablement en affichant de belles couleurs ! Alors autant optimiser ses chances en montrant deux belles crêtes ! Ces attributs servaient aussi à l'identification des différentes espèces.

PAS UNE TÊTE DE CHASSEUR

Ce dinosaure était l'un des plus grands prédateurs. Mais certains détails dérangent les paléontologues : son museau étroit et souple et ses dents aux racines très fragiles ne semblaient pas adaptés pour chasser de grosses proies. S'il attaquait sa victime en la mordant, il risquait de se briser les dents sur un os ! Pour autant, les scientifiques ne veulent pas classer le dilophosaure en tant que charognard (qui mange des animaux déjà morts). Ils pensent plutôt qu'il attaquait et tuait ses victimes avec ses grandes griffes acérées.

LE SAVAIS-TU ?

Le dilophosaure grandissait très rapidement les premières années de sa vie : les paléontologues estiment qu'il prenait environ 35 kg par an !

UNE GROSSE BÊTE DU JURASSIQUE

Dans un des films de la saga cinématographique *Jurassic Park*, il y a une scène avec un petit dilophosaure qui déploie une collerette puis crache du venin mortel. Tout est faux ! En effet, le dilophosaure n'était pas une petite bête de la taille d'un chien puisqu'il mesurait 6 m de long et 2 m de haut ! Par ailleurs, rien ne prouve qu'il avait une collerette et encore moins qu'il crachait du venin ! Mais au moins, le dilophosaure est l'un des rares dinosaures du Jurassique que l'on voit dans ce film, qui aurait plutôt dû s'appeler *Cretaceous Park*, puisque la majorité des dinosaures qui y sont présentés datent du Crétacé !

Nom scientifique : *Dilophosaurus wetherilli*
Étymologie : « lézard à deux crêtes de Wetherill »
Époque : Jurassique inférieur (entre -199 et -183 millions d'années)
Taille : 6,60 m de long avec la queue, 1,80 m de haut
Poids : 400 kg
Régime alimentaire : carnivore
Répartition géographique : Amérique du Nord (Arizona)
Année de la découverte : 1954

GASTONIA

Il valait mieux ne pas avoir à combattre cet impressionnant dinosaure cuirassé de 6 m de long, armé d'énormes piques acérées !

CUIRASSE ÉPINEUSE ET LAMES TRANCHANTES

Le gastonia était recouvert d'une incroyable armure composée de plaques osseuses mais aussi de très grosses épines sur les épaules. Il est célèbre pour sa rangée de plaques triangulaires acérées sur les flancs et le long de sa queue, orientées horizontalement. Elles servaient peut-être à trancher les pattes des utahraptors qui s'approchaient trop près !

COMME DES GROSSES VACHES

Selon les différentes études menées par les paléontologues, le gastonia mesurait entre 4,50 et 6 m de long, et pesait entre 1 et 1,90 t. Dans le passé, on pensait que tous les dinosaures cuirassés vivaient de manière solitaire. Pourtant, les paléontologues ont très souvent retrouvé des restes de grands groupes de gastonias. Ces dinosaures vivaient donc en troupeaux… un peu comme des grosses vaches avec des armures !

LE SAVAIS-TU ?

Le gastonia a été découvert en 1998, année record en la matière : 29 nouveaux dinosaures ont en effet été trouvés cette année-là !

LES YEUX DANS LES YEUX

En règle générale, les animaux herbivores ont souvent des yeux sur les côtés de la tête, afin de voir tout ce qui se passe autour et repérer le moindre danger. *Gastonia*, lui, avait les yeux sur le devant. Peut-être n'avait-il pas vraiment besoin de faire attention, étant donné qu'il était déjà protégé par sa redoutable armure ! Avec son crâne très épais, il combattait sûrement d'autres *Gastonia*, à la manière des boucs, tête contre tête. Les deux combattants se regardaient alors dans les yeux…

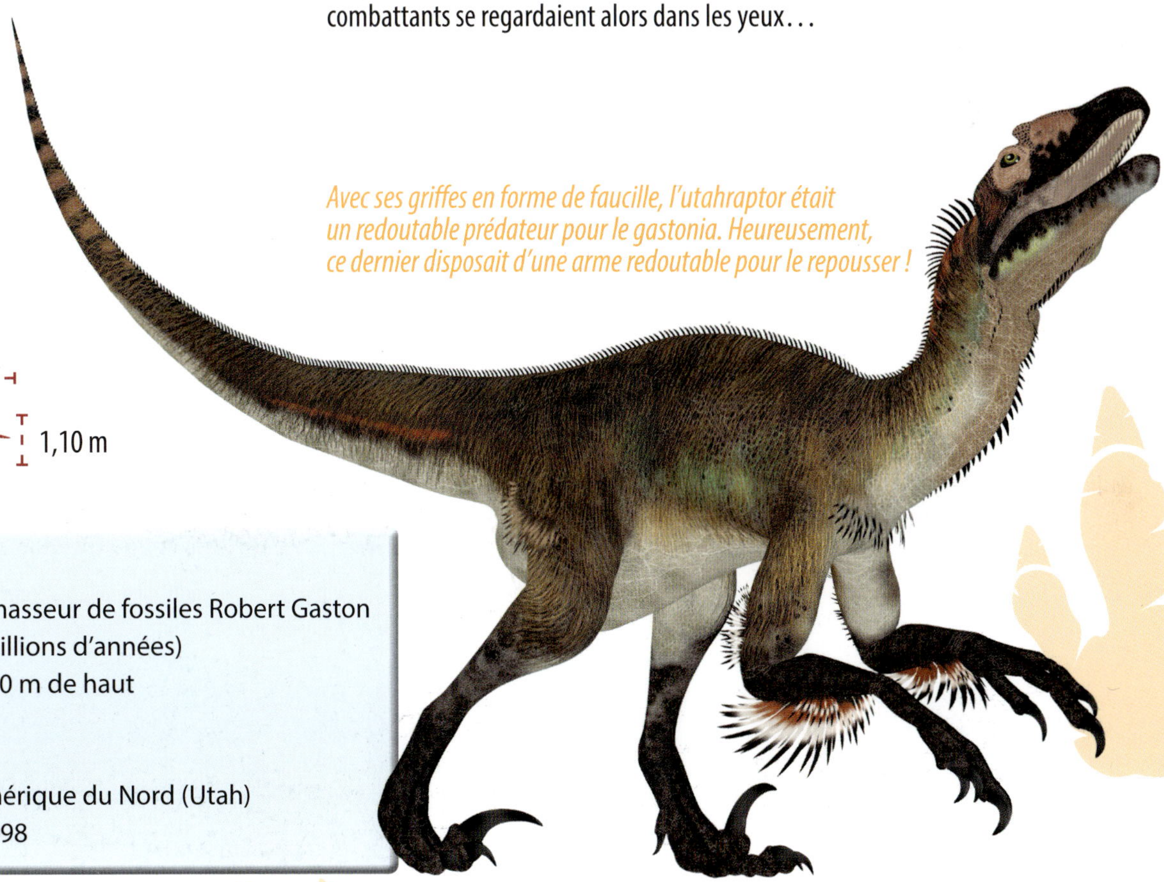

Avec ses griffes en forme de faucille, l'utahraptor était un redoutable prédateur pour le gastonia. Heureusement, ce dernier disposait d'une arme redoutable pour le repousser !

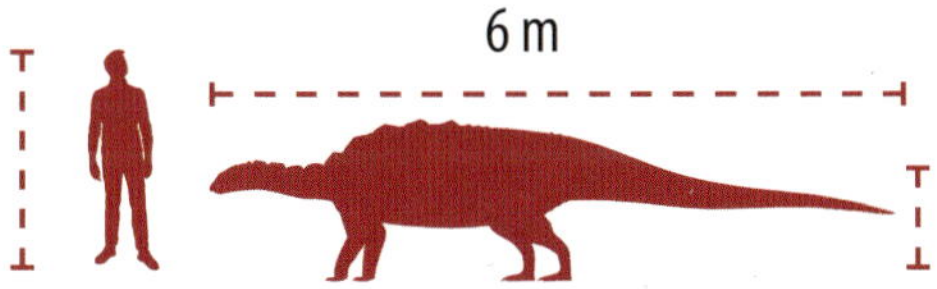

Nom scientifique : *Gastonia burgei*
Étymologie : nommé en honneur du chasseur de fossiles Robert Gaston
Époque : Crétacé inférieur (vers -125 millions d'années)
Taille : 6 m de long avec la queue, 1,10 m de haut
Poids : 1,90 t
Régime alimentaire : herbivore
Répartition géographique : Amérique du Nord (Utah)
Année de la découverte : 1998

CAMPTOSAURUS

Ce cousin primitif de l'iguanodon chassé par l'allosaure était un herbivore pacifique qui vivait au Jurassique.

Nom scientifique : *Camptosaurus dispar*
Étymologie : « lézard courbé »
Époque : Jurassique supérieur (entre -156 et -144 millions d'années)
Taille : 6 m de long avec la queue, 2,50 m de haut
Poids : 800 kg
Régime alimentaire : herbivore
Répartition géographique : France, Royaume-Uni (Angleterre), États-Unis
Année de la découverte : 1885

PLUS PRIMITIF QUE L'IGUANODON

Le camptosaure est un ancêtre des iguanodontidés. Il était alors plus primitif, moins « spécialisé ». Il n'avait pas les épines dorsales que portent la plupart des dinosaures de la même famille. Et contrairement au célèbre iguanodon (voir pp. 56-57), son pouce pointu n'était pas aussi développé.

UN VÉGÉTARIEN BIEN ÉQUIPÉ

Comme tous les dinosaures ornithopodes, le camptosaure était herbivore. Il était équipé d'un bec et sa large mâchoire avait de nombreuses rangées de dents très rugueuses qui servaient à broyer et à déchiqueter les végétaux. Il avait aussi un énorme estomac pour digérer l'importante quantité de feuilles et racines qu'il mangeait tous les jours. Ses mains étaient préhensiles, c'est-à-dire qu'elles pouvaient saisir et tenir des objets, sûrement de la verdure à se mettre sous la dent !

SUR DEUX OU QUATRE PATTES

Le camptosaure avait de bonnes jambes. Ses pattes avant étaient trop courtes pour qu'il soit totalement quadrupède, mais il s'en servait quand même parfois pour marcher. Les os de ses poignets ne formaient qu'un seul ensemble, pour les rendre encore plus solides quand il marchait à quatre pattes.

LES STÉGOSAURES COMME GARDES DU CORPS

Certains paléontologues pensent que les camptosaures broutaient souvent en compagnie de stégosaures (voir pp. 58-59), afin de se protéger mutuellement : les camptosaures sonnaient l'alerte si des prédateurs arrivaient et les stégosaures défendaient tout le groupe, comme des gardes du corps. Ces deux espèces devaient en effet trouver une solution pour se protéger des terribles allosaures !

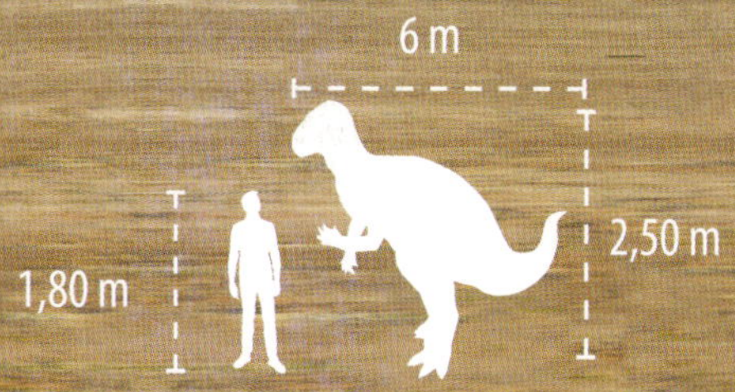

LE SAVAIS-TU ?

Le camptosaure doit son nom de « lézard courbé » à son allure courbée quand il était en position de marche sur ses quatre pattes.

ANKYLOSAURUS

Ses fossiles sont si rares que c'est un miracle si l'on connaît ce dinosaure ! Ce thyréophore vraiment particulier vivait dans des zones boisées, des plaines et des prairies, en climat subtropical.

COMME UN TANK

L'ankylosaure fait partie du sous-ordre des thyréophores, c'est-à-dire des dinosaures à armure. Il avait le dos, les flancs et le haut des cuisses recouverts de plaques osseuses appelées ostéodermes, comme celles que tu peux voir aujourd'hui sur les crocodiles. Ces plaques osseuses lui permettaient de résister aux coups de dents des prédateurs. Elles étaient sûrement recouvertes de peau ou de kératine (substance qui compose les ongles, poils et cheveux). L'ankylosaure portait également des écailles rondes très épaisses sur son crâne, ainsi que de grandes cornes sur les côtés.

UNE MASSUE AU BOUT DE LA QUEUE

L'ankylosaure est très connu pour la massue qu'il porte au bout de la queue, une arme redoutable contre son prédateur *Tyrannosaurus rex* (voir pp. 68-69) puisqu'elle pouvait facilement lui briser les os ! Cette massue, très lourde, était composée de plaques osseuses. Le dinosaure pouvait la bouger comme il voulait grâce à des muscles très puissants situés à la base de sa queue.

DES FOSSILES RARES

Malheureusement, les fossiles d'ankylosaures sont rares et ce ne sont que des squelettes incomplets. Pourquoi cette rareté ? Un paléontologue pense que l'ankylosaure vivait peut-être loin des rivières et marécages qui sont les endroits parfaits pour que le processus de fossilisation s'effectue dans les meilleures conditions. Autre hypothèse : la population d'ankylosaures n'était pas très importante…

UN HERBIVORE SONORE

L'ankylosaure vivait dans un habitat de type équatorial, avec beaucoup de végétation luxuriante. L'anatomie de son museau indique qu'il était herbivore mais il n'était pas difficile : il mangeait tout ce qu'il pouvait se mettre sous la dent, grâce à son gros bec lui permettant de trancher et d'arracher la végétation qui poussait au sol. Dans son museau se trouvaient de grandes cavités qui lui permettaient peut-être d'émettre des sons ! Mais ces grandes cavités pouvaient peut-être aussi servir à refroidir son cerveau.

LE SAVAIS-TU ?

L'ankylosaure est l'un des derniers dinosaures non aviens à avoir vécu avant la grande extinction de la fin du Crétacé.

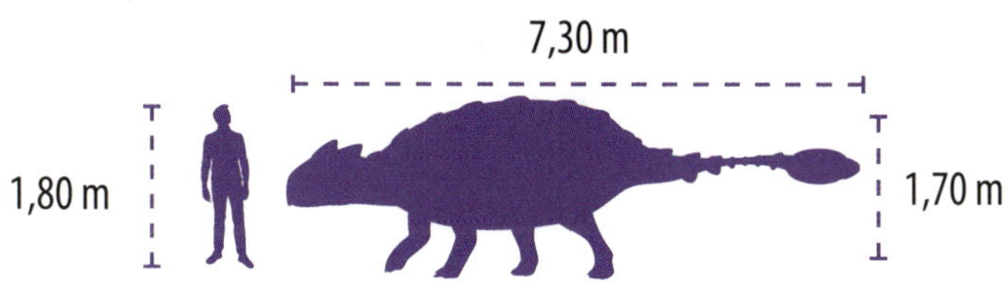

Nom scientifique : *Ankylosaurus magniventris*
Étymologie : « lézard rigide à gros ventre »
Époque : Crétacé supérieur (entre -72 et -66 millions d'années)
Taille : 7,30 m de long avec la queue, 1,70 m de haut
Poids : 6 t
Régime alimentaire : herbivore
Répartition géographique : États-Unis (Wyoming, Alberta)
Année de la découverte : 1908

IGUANODON

L'iguanodon a longtemps été représenté sous une forme proche de la licorne... jusqu'à une incroyable découverte en 1825 dans une mine située en Belgique !

LES DENTS D'IGUANE DE BERNISSART

Le premier ossement d'*Iguanodon* – un tibia – a été découvert en 1809. En 1822, en Angleterre, la paléontologue Mary Ann Mantell découvrit de très grosses dents ; elle les montra immédiatement à son mari Gideon Mantell, alors géologue amateur. Il pensa immédiatement qu'elles ressemblaient à de grosses dents d'iguane. C'est de là que vient le nom du genre, qui veut dire « dent d'iguane ». En 1878, une trentaine de squelettes a été trouvée dans une mine de charbon en Belgique, à Bernissart, ce qui a donné le nom de l'espèce type, *bernissartensis*.

BIPÈDE ET QUADRUPÈDE

Comme la plupart des ornithopodes, l'iguanodon était à la fois bipède et quadrupède. Il pouvait même courir assez vite avec ses deux jambes ! Si ses bras étaient trop courts pour qu'il puisse marcher longtemps à quatre pattes, ils étaient néanmoins bien utiles pour servir d'appui quand il se penchait pour brouter des végétaux.
L'iguanodon était un ancêtre des hadrosaures, comme le lambéosaure et le parasaurolophus (voir pp. 62-63). On pense que, comme beaucoup de dinosaures herbivores, il vivait en grands troupeaux. Son principal prédateur était le terrible utahraptor (voir p. 51) !

UN POIGNARD AU POUCE

L'iguanodon avait un pouce très particulier : ses phalanges étaient comme un gros éperon conique dont il se servait sûrement pour poignarder les carnivores menaçants. Mais quand les restes du premier iguanodon ont été découverts, les paléontologues ignoraient ce qu'était ce « pic », et c'est longtemps resté un mystère. Sur les premiers dessins d'*Iguanodon*, on voit même le dinosaure représenté avec une corne sur la tête ! Ce n'est que cinquante ans plus tard, après la découverte des squelettes complets en Belgique, qu'on a enfin pu savoir qu'il s'agissait d'un pouce spécial.

LE SAVAIS-TU ?

L'iguanodon est le deuxième dinosaure à avoir été découvert (après le mégalosaure), alors que le mot même de « dinosaure » n'existait pas encore ! Et il est un des premiers à avoir été montré au public.

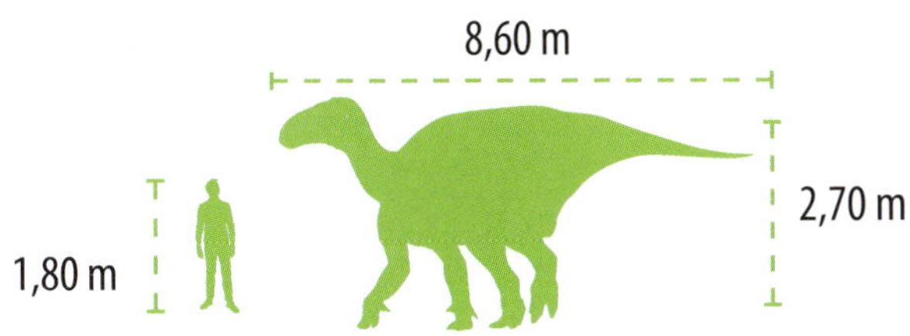

Nom scientifique : *Iguanodon bernissartensis*
Étymologie : « dents d'iguane de Bernissart »
Époque : Crétacé (entre -145 et -93 millions d'années)
Taille : 8,60 m de long avec la queue, 2,70 m de haut
Poids : 3,40 t
Régime alimentaire : herbivore
Répartition géographique : Europe, Asie, Afrique, Amérique
Année de la découverte : 1822

Comme l'iguanodon, le lambéosaure est un ancêtre des hadrosaures. Il est surtout connu pour sa crête crânienne creuse.

STEGOSAURUS

De jolies plaques triangulaires sur le dos et une arme redoutable au bout de la queue : le stégosaure était paré pour se défendre… et beaucoup faire parler de lui !

DES CLIMATISEURS SUR LE DOS !

Mais à quoi servaient donc ces plaques osseuses ? Peut-être à dissuader les prédateurs. Peut-être aussi à séduire les femelles en affichant de belles couleurs ! Mais comme elles étaient riches en vaisseaux sanguins, elles servaient surtout à réguler la température de son corps comme c'est le cas chez l'éléphant avec ses oreilles : le vent rafraîchissait le sang et, en présence de soleil, ces plaques fonctionnaient un peu comme des panneaux solaires ! Elles étaient alignées en quinconce sur le dos. Leur taille et forme étaient différentes selon les individus, ce qui signifie que les stégosaures les utilisaient aussi pour se reconnaître entre eux.

DES ÉPERONS AU BOUT DE LA QUEUE

Le stégosaure vivait en bonne compagnie, puisqu'il côtoyait des grands sauropodes tels que les apatosaures, diplodocus (voir pp. 72-73), camarasaures et brachiosaures. Mais il partageait aussi le territoire des terribles allosaures et cératosaures, dont il était parfois la proie. Alors, pour se défendre, il balançait sa queue dont le bout portait deux paires de solides éperons pointus.

LE SAVAIS-TU ?

Dans le passé, les paléontologues pensaient que les plaques du stégosaure étaient placées à l'horizontale, formant un toit sur son dos ! C'est de là que vient le nom du genre *Stegosaurus*, qui veut dire « lézard toité ».

UN TOUT PETIT CERVEAU

Le stégosaure avait le cerveau le plus petit de tous les dinosaures, comparé à la taille du corps : il était aussi petit qu'une noix ! C'était un herbivore très lourd, très lent et il ne pouvait pas courir. Il passait son temps à brouter les fougères et les cycas. Au début, les paléontologues pensaient qu'il avait un « deuxième cerveau » à la base de la queue, mais de récentes études ont prouvé que ce n'était pas le cas.

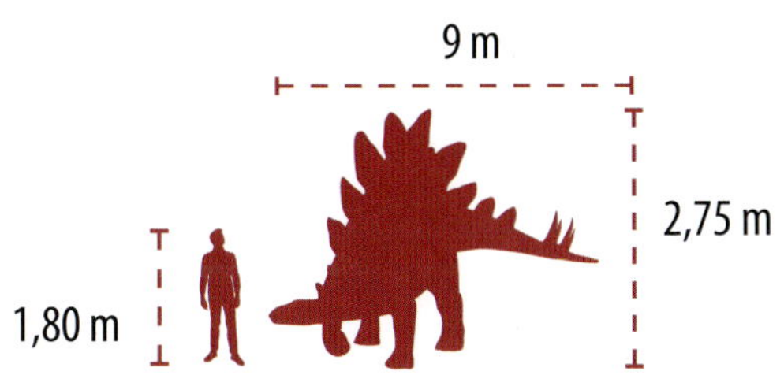

Nom scientifique : *Stegosaurus armatus*
Étymologie : « lézard toité à armure »
Époque : Jurassique supérieur (entre -155 et -150 millions d'années)
Taille : 9 m de long avec la queue, 2,75 m de haut
Poids : 3,60 t
Régime alimentaire : herbivore
Répartition géographique : Amérique du Nord, Portugal, Afrique du Nord
Année de la découverte : 1877

Le cératosaure (ci-dessus) et le stégosaure ont vécu en même temps et sur les mêmes zones géographiques.

THERIZINOSAURUS

Avec des griffes aussi longues, comment imaginer que ce théropode monstrueux était en fait un herbivore ?

DES BRAS ET DES GRIFFES DÉMESURÉS

Les bras du thérizinosaure mesuraient 2,40 m de long et ses griffes 70 cm : ce sont les plus longues griffes du monde de tous les temps ! Selon les paléontologues, ces bras griffus étaient sûrement utiles pour intimider les prédateurs, comme le tarbosaure ou l'alioramus, et peut-être pour se défendre en cas d'attaque. Mais on pense que le thérizinosaure les utilisait plutôt pour tirer les branches des arbres vers lui afin d'en brouter les feuilles. Eh oui, cet énorme dinosaure était très probablement herbivore ! Cependant, certains paléontologues pensent qu'il pouvait aussi se servir de ses mains géantes pour détruire des termitières et se régaler des insectes, comme le font aujourd'hui les fourmiliers.

PLUMES OU PAS PLUMES ?

Le débat fait encore rage entre les paléontologues et les passionnés : le thérizinosaure était-il recouvert de plumes ? Malheureusement, personne n'a jamais retrouvé de fossiles avec des traces de plumes. Cependant, comme c'était un théropode assez avancé, on peut tout à fait l'imaginer avec un beau plumage. Par exemple, on sait que l'espèce *Beipiaosaurus*, qui appartient à la même famille des thérizinosauridés, était recouverte de plumes brunâtres.

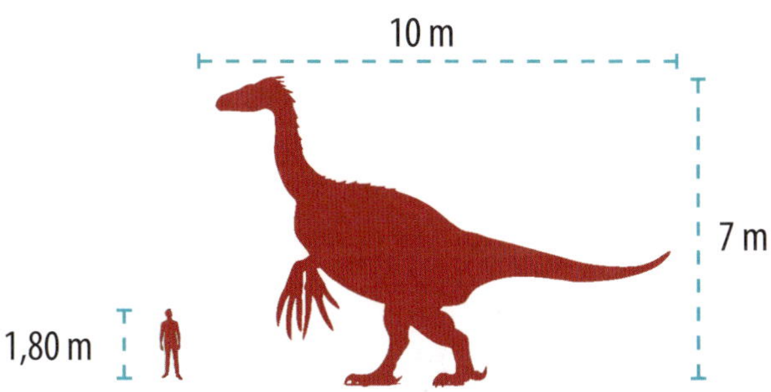

Nom scientifique : *Therinozosaurus cheloniformis*
Étymologie : « lézard faucheur en forme de tortue »
Époque : Crétacé supérieur (entre -70 et -66 millions d'années)
Taille : 10 m de long avec la queue, 7 m de haut
Poids : 5,10 t
Régime alimentaire : herbivore
Répartition géographique : Chine, Mongolie
Année de la découverte : 1954

LE SAVAIS-TU ?

Le thérizinosaure partageait son territoire avec des dizaines d'autres espèces de dinosaures, comme les théropodes *Avimimus*, *Conchoraptor*, *Alioramus* et *Tarbosaurus*, et les titanosaures géants, tels que les *Nemegtosaurus*.

UNE ÉNORME BÊTE MYSTÉRIEUSE

Cette terrible créature mesurait jusqu'à 10 m de long, 7 m de haut, et pesait près de 6 t. Juste après sa découverte, des scientifiques russes ont classé le thérizinosaure en tant que tortue marine géante ! C'est pour cela que le nom de l'espèce est *cheloniformis*, qui signifie « en forme de tortue ». Il a fallu attendre 25 ans pour qu'il soit enfin décrit comme un théropode, en 1970, grâce à la découverte de « cousins » qui lui ressemblaient, des *Segnosaurus* et des *Erlikosaurus*.

Comme le thérizinosaure, le tarbosaure a vécu en Asie au Crétacé supérieur.

PARASAUROLOPHUS

Une grosse bête à bec de canard qui jouait de la trompette : le parasaurolophus a tout pour être le favori des amateurs de dinosaures !

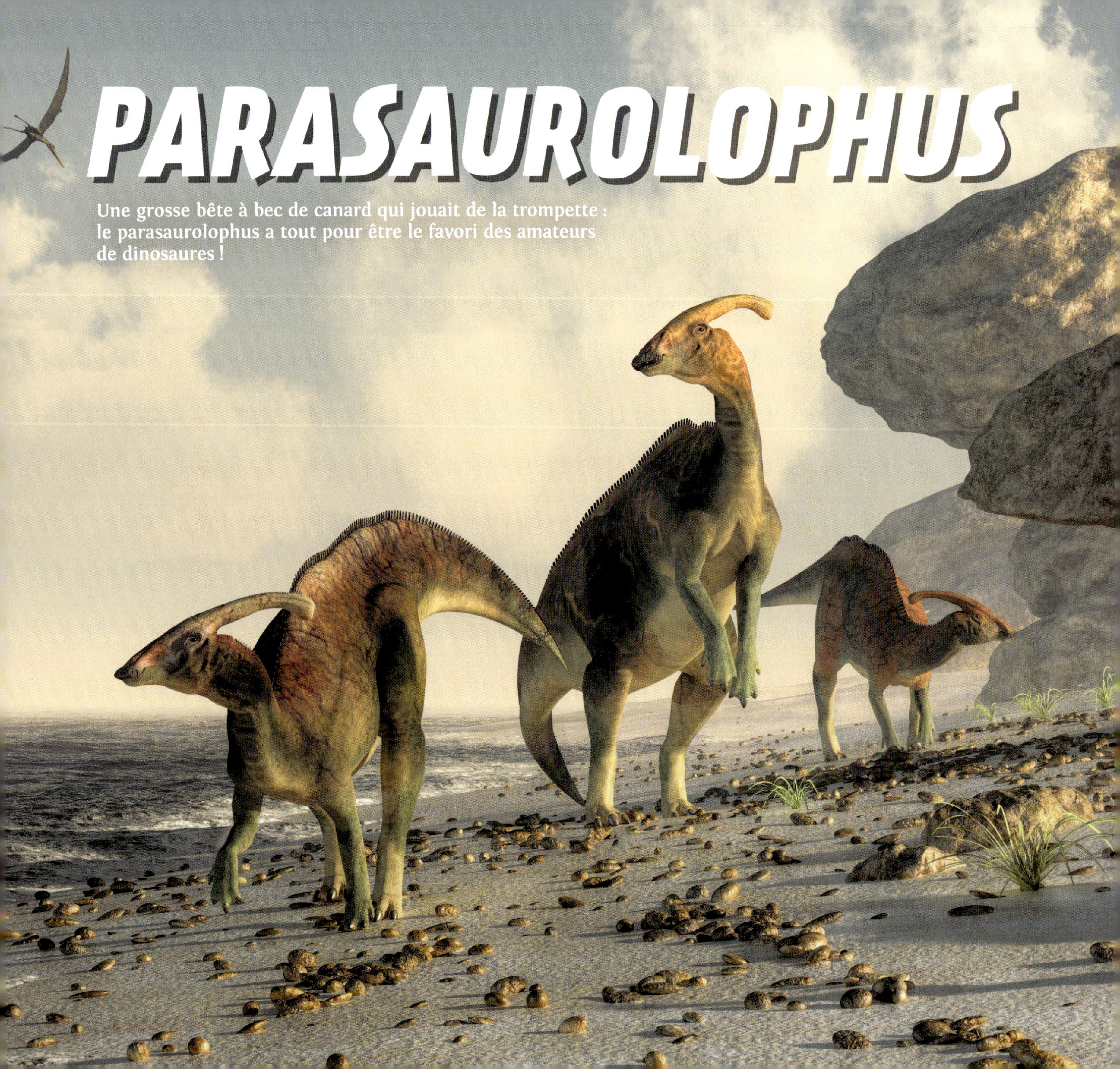

UN MODE DE VIE BIEN CONNU

Le parasaurolophus est un ornithopode de la sous-famille des lambéosaurinés. C'était un herbivore, connu pour son « bec de canard ».
Il vivait dans des vallées avec des rivières et des sous-bois plantés de conifères, fougères et autres plantes préhistoriques. Il partageait son habitat avec d'autres hadrosauridés (*Prosaurolophus*, *Gryposaurus*, *Corythosaurus*, *Lambeosaurus*), des cératopsidés (*Centrosaurus*, *Styracosaurus*, *Chasmosaurus*) ou encore des thyréophores, comme l'edmontonia et l'euoplocephalus.
Son principal prédateur était le gorgosaure, un tyrannosauridé de 9 m de long.

TROMPETTE OU TUBA ?

Tout le monde connaît la grande crête incurvée du parasaurolophus, reliée à ses narines. Comme c'est le cas pour beaucoup de dinosaures, cet ornement servait à la régulation de la température du corps et à la reconnaissance des individus. Mais pas seulement ! On sait maintenant qu'elle pouvait être utilisée pour communiquer : en effet, comme cette crête était creuse, les sons résonnaient dedans, un peu comme une trompette ! D'ailleurs un de ses proches cousins a été nommé *Parasaurolophus tubicen*, « tubicen » étant le nom d'une trompette romaine. Certains paléontologues pensaient même que le parasaurolophus aurait pu se servir de sa crête comme tuba ou réserve d'air pour respirer quand il était dans l'eau ! Mais cette idée a vite été oubliée.

COURIR À TOUTES JAMBES

Comme tous les autres hadrosaures, le parasaurolophus était capable de marcher sur ses deux pattes arrière. Il pouvait même courir très vite afin d'échapper aux prédateurs ! Mais quand il prenait son temps, il se reposait parfois sur ses deux pattes avant. Elles étaient aussi très pratiques pour soutenir le poids de l'avant de son corps quand il se penchait pour brouter.

LE SAVAIS-TU ?

Le parasaurolophus est l'un des hadrosaures les plus rares. On ne connaît que quelques fossiles.

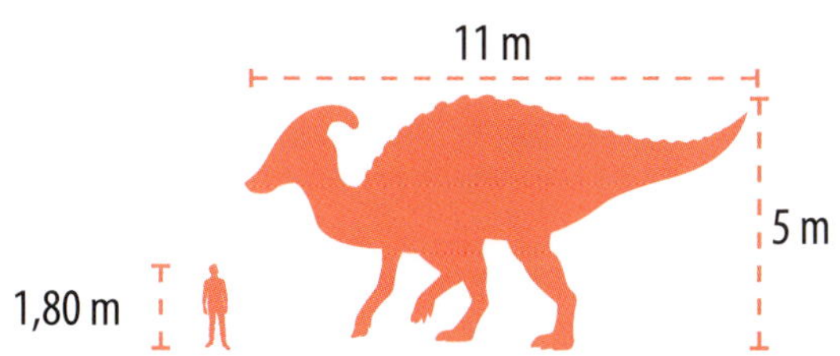

Nom scientifique : *Parasaurolophus walkeri*
Étymologie : « proche du lézard à crête de Walker »
Époque : Crétacé supérieur (entre -76,6 et -73 millions d'années)
Taille : 11 m de long avec la queue, 5 m de haut
Poids : 3,50 t
Régime alimentaire : herbivore
Répartition géographique : États-Unis, Canada
Année de la découverte : 1922

Vivant aux côtés du parasaurolophus en Amérique du Nord, Corythosaurus *avait une crête en forme d'éventail sur le haut de sa tête.*

TRICERATOPS

Trois cornes, mais pas seulement : le crâne du tricératops est d'autant plus extraordinaire qu'il peut mesurer plus de 2,50 m de long !

UN DES DERNIERS SOLITAIRES

Le tricératops a été l'un des derniers dinosaures non aviens à avoir vécu avant la grande extinction, il y a environ 66 millions d'années. Il a donc côtoyé le redoutable *Tyrannosaurus rex* (voir pp. 68-69), dont il était souvent le casse-croûte ! On pensait qu'il vivait en groupe, mais les paléontologues ont découvert qu'il était probablement solitaire.

UN BEC DE PERROQUET ET DES CENTAINES DE DENTS

Au bout du museau, le tricératops avait un gros bec de perroquet, bien utile pour broyer la végétation très rigide dont il se nourrissait. Au menu : cycas, ginkgos et conifères. Il avait également des rangées de dents très acérées, qui se renouvelaient en permanence : une fois qu'une rangée de dents était trop usée, une autre la remplaçait. Il avait environ 800 dents en tout, en permanence !

PAS SEULEMENT POUR FAIRE JOLI

Sur son grand crâne mesurant un tiers de la longueur totale du corps, le tricératops arborait trois cornes et une grande collerette renforcée. Il les utilisait bien sûr pour se défendre contre les prédateurs, mais pas seulement. Ces attributs servaient aussi à l'identification des individus, car certains paléontologues pensent que la collerette portait probablement de belles couleurs, différentes selon chaque animal. Chez les mâles, c'était parfait pour séduire les femelles ! Mais cela attirait aussi les rivaux, qu'il fallait alors repousser à coups de corne.

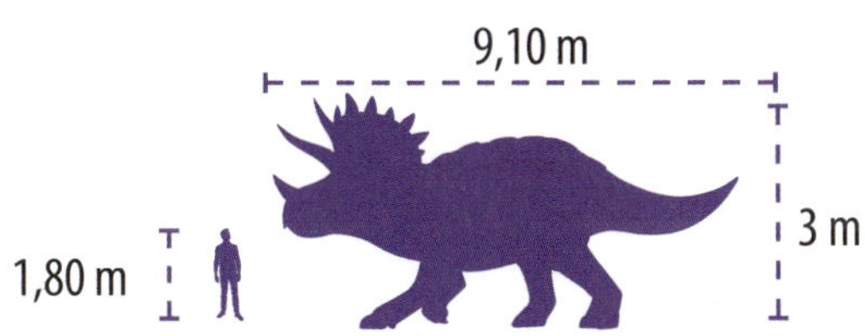

Nom scientifique : *Triceratops horridus*
Étymologie : « tête à trois cornes rugueuse »
Époque : Crétacé supérieur (entre -68 et -66 millions d'années)
Taille : 9,10 m de long avec la queue, 3 m de haut
Poids : 8 t
Régime alimentaire : herbivore
Répartition géographique : Amérique du Nord
Année de la découverte : 1889

UN CRÂNE DE 2,62 M DE LONG !

En octobre 2021, un énorme tricératops surnommé Big John a été vendu aux enchères à Paris pour 6 millions d'euros ! C'est le plus grand fossile jamais découvert : son crâne seul mesure 2,62 m de long pour 2 m de large. Ses cornes atteignent plus d'1 m de long, avec une base de 30 cm de large.

LE SAVAIS-TU ?

Le tricératops avait une queue très courte, en comparaison avec celle des autres dinosaures. Pourquoi ? En fait, il n'avait pas besoin de s'en servir comme contrepoids, vu que son corps très lourd était bien campé sur ses quatre grosses pattes.

DEINOCHEIRUS

Ce dinosaure, le plus mystérieux du monde, a fait couler beaucoup d'encre. Et pour cause : jusqu'à récemment, on ne connaissait que ses bras de 2,40 m de long !

LE PLUS MYSTÉRIEUX DINOSAURE DE TOUS LES TEMPS

Le deinocheirus est très longtemps resté un mystère puisque, pendant plusieurs décennies, on ne connaissait que les fossiles de ses bras ! En 2008 et 2014, d'autres fossiles ont été découverts et ont permis d'avoir une meilleure idée de la morphologie de ce dinosaure décidément très étrange. Il a été classé dans le clade des ornithomimosauriens (« lézards imitateurs d'oiseaux »). Mais contrairement à la plupart de ces dinosaures taillés pour la course, le deinocheirus était massif (11 m de long pour 6 t !) et avait un mode de vie assez lent. On sait maintenant qu'il avait une touffe de plumes au bout de la queue et probablement une voile sur le dos !

DES MAINS TERRIFIANTES

En 1965, une équipe de scientifiques soviétiques découvre les fossiles de deux bras incroyables : ils mesurent 2,40 m de long, et chaque main porte des griffes de 25 cm ! De terribles mains, qui donnent le nom au genre *Deinocheirus*. Ces membres démesurés lui servaient peut-être pour se défendre contre le tarbosaure (voir p. 61), un très proche cousin du *Tyrannosaurus rex* (voir pp. 68-69) ! Ou peut-être que ce dinosaure les utilisait pour attraper et ramener à lui des branches ou des plantes aquatiques pour les consommer, comme le faisait son cousin le thérizinosaure (voir pp. 60-61).

LE SAVAIS-TU ?

Fait très surprenant pour un théropode du Crétacé, le deinocheirus a un très petit cerveau. Cela indique qu'il n'avait probablement pas les capacités nécessaires pour chasser : c'était un herbivore lent et solitaire.

1 000 CAILLOUX DANS L'ESTOMAC

Le deinocheirus avait un bec de canard, ce qui indique qu'il se nourrissait en partie de plantes. Mais il n'avait pas de dents pour les mâcher ! Alors il avalait des cailloux, appelés gastrolithes, qui broyaient la nourriture dans son estomac. Des paléontologues ont retrouvé un millier d'entre eux dans les restes de l'estomac d'un deinocheirus ! Ils ont aussi retrouvé des restes de petits poissons. Était-il omnivore ? Peut-être pas volontairement. Il avalait probablement de petits poissons quand il mangeait des plantes aquatiques.

Nom scientifique : *Deinocheirus mirificus*
Étymologie : « terribles mains merveilleuses »
Époque : Crétacé supérieur (entre -71 et -69 millions d'années)
Taille : 11 m de long avec la queue, 3,50 à 4,50 m de haut
Poids : 6,40 t
Régime alimentaire : herbivore
Répartition géographique : Mongolie
Année de la découverte : 1970

TYRANNOSAURUS

8 t de muscles, une mâchoire puissante et 60 dents tranchantes comme des couteaux à viande : le « roi des lézards tyrans » porte bien son nom !

ARMÉ JUSQU'AUX DENTS

T. rex (à prononcer « tirex », comme on le fait en anglais) est le plus connu des tyrannosaures, et aussi le plus imposant dinosaure carnivore de son époque. Le plus grand crâne retrouvé mesure ainsi 1,50 m !
La mâchoire du *T. rex* avait une puissance phénoménale. Certaines de ses 60 dents étaient même de véritables couteaux à viande de 18 cm de longueur ! Elles servaient aussi à de vraies « prises de tête » : de nombreux *T. rex* adolescents présentaient en effet de terribles blessures au niveau de la tête. Comme ils voulaient montrer qui était le chef, ils se battaient et mordaient la tête de leurs rivaux.

LE SAVAIS-TU ?

Dans le passé, on pensait que *T. rex* se tenait debout presque verticalement, comme les autres bipèdes. Mais après de nombreuses recherches, les paléontologues ont démontré que ce dinosaure se tenait avec le dos à l'horizontale. Sinon, sa colonne vertébrale n'aurait pas pu supporter son poids.

PRÉDATEUR OU CHAROGNARD ?

Le débat fait rage entre les paléontologues : est-ce que ce tyrannosaure chassait des animaux vivants (prédateur) ou se nourrissait d'animaux déjà morts (charognard) ? Il était certes très puissant, mais pas très rapide, ce qui n'est pas idéal pour courir après des proies ! Son odorat était aussi très développé, parfait pour détecter l'odeur de carcasses d'animaux morts. Mais il avait également une très bonne vue, idéale pour repérer des proies en mouvement !

Tous ces indices montrent ainsi que *T. rex* était probablement à la fois prédateur et charognard. À son menu figuraient d'autres grands dinosaures (cératopsiens, edmontosaures, hadrosaures…) et même d'autres tyrannosaures.

UNE REINE PARMI LES ROIS

En 1990, Sue Hendrickson, une paléontologue américaine, a trouvé dans le Dakota du Sud (États-Unis) un fossile de *T. rex* exceptionnel : il était complet à 90 % ! C'est le fossile de tyrannosaure le plus complet jamais découvert ! C'est aussi le plus grand (12 m) et le plus vieux puisqu'on a estimé que cette femelle avait 28 ans quand elle est morte. Ce fossile a été nommé Sue, en l'honneur de la paléontologue. Sue est maintenant exposée au Muséum d'histoire naturelle de Chicago et a des millions de fans.

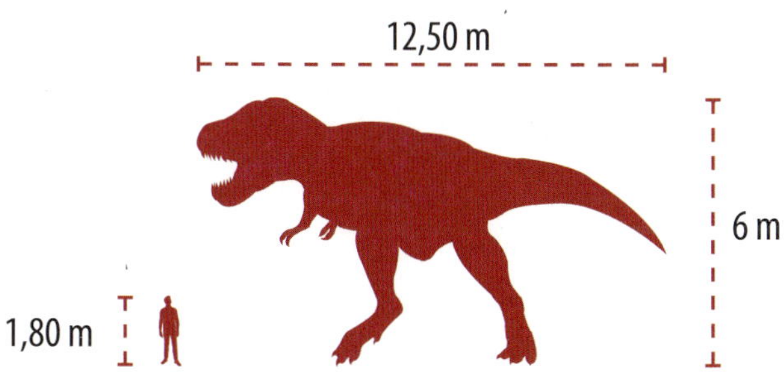

Nom scientifique : *Tyrannosaurus rex*
Étymologie : « le roi des lézards tyrans »
Époque : Crétacé supérieur (entre -68 et -66 millions d'années)
Taille : 12,50 m de long avec la queue, 6 m de haut
Poids : 8,50 t
Régime alimentaire : carnivore
Lieu de vie : Amérique du Nord
Année de la découverte : 1905

Edmontosaurus *a vécu aux côtés de* Triceratops *et de* Tyrannosaurus.

SPINOSAURUS

Difficile de croire que ce magnifique dinosaure semi-aquatique avec une belle voile dorsale est resté inconnu pendant si longtemps !

UN INCONNU PENDANT 100 ANS

Pendant près de 100 ans, les connaissances sur le spinosaure reposaient uniquement sur les restes d'un crâne découverts en Égypte en 1915. Conservés en Allemagne, ils ont malheureusement été détruits en 1944, pendant la Seconde Guerre mondiale, lors d'un bombardement. Il a fallu attendre de spectaculaires découvertes en 2014 pour enfin connaître la vérité sur ce dinosaure exceptionnel.

LE SAVAIS-TU ?

On pensait au début que le spinosaure était uniquement bipède, mais on sait maintenant qu'il se déplaçait occasionnellement sur ses quatre pattes. Et il nageait aussi très bien !

LE PLUS GROS CARNIVORE DE TOUS LES TEMPS !

Les crânes de *Spinosaurus* retrouvés par les paléontologues mesurent jusqu'à 1,75 m de long : cela correspond à la taille d'un homme adulte ! Le spinosaure est ainsi le plus grand dinosaure carnivore et même la plus grande créature carnivore terrestre de tous les temps : avec ses 15,50 m de long et ses 7,50 t, il était même plus gros que *Tyrannosaurus rex* (voir pp. 68-69) et *Allosaurus* ! Mais il était un peu plus léger que les imposants *Carcharodontosaurus* et *Giganotosaurus*.

Le spinosaure était un peu plus léger que le carcharodontosaure.

COMME UN POISSON DANS L'EAU...

On sait depuis 2014 que le spinosaure était un dinosaure semi-aquatique grâce à plusieurs adaptations morphologiques très spéciales : des narines sur le haut du museau et non pas au bout pour respirer plus facilement dès son retour en surface, des os denses lui permettant de contrôler sa flottabilité en nageant, une queue en forme de pagaie parfaite pour se propulser dans l'eau et un museau allongé muni de dents pointues pour chasser les poissons. Idéal pour passer le maximum de temps dans l'eau et y trouver une bonne partie de sa nourriture ! En effet, ce dinosaure vivait dans des régions humides, composées de vasières (zones côtières avec de la vase) et de mangroves, c'est-à-dire des forêts tropicales situées entre la terre et la mer.

Nom scientifique : *Spinosaurus aegyptiacus*
Étymologie : « lézard épineux d'Égypte »
Époque : Crétacé inférieur (entre -100 et -97 millions d'années)
Taille : 15,50 m de long avec la queue, 5 à 7 m de haut
Poids : 7,50 t
Régime alimentaire : carnivore
Répartition géographique : Égypte
Année de la découverte : 1915

TOUTE VOILE DEHORS !

Le spinosaure est connu pour sa magnifique voile sur le dos. Attention, ce n'était pas une crête, elle n'était pas en os ! Il s'agissait d'une grande membrane (peau), maintenue par des « épines ». Ces structures, appelées épines neurales, sont des prolongements des vertèbres. Cette jolie voile pouvait avoir un rôle dans la thermorégulation (contrôle de la température du corps) et l'identification des individus. Elle pouvait aussi être utilisée pour séduire les femelles pendant la période de reproduction. Qui sait, elle affichait peut-être de superbes couleurs !

DIPLODOCUS

Tout le monde connaît le diplodocus, ce sauropode du Jurassique de 32 m de long. Mais sais-tu vraiment pourquoi on le connaît si bien ?

Nom scientifique : *Diplodocus carnegii*
Étymologie : « double faisceau de Carnegie »
Époque : Jurassique supérieur (entre -154 et -152 millions d'années)
Taille : 25 m de long avec la queue, 4,50 m de haut
Poids : 31 t
Régime alimentaire : herbivore
Répartition géographique : Amérique du Nord
Année de la découverte : 1878

COMME LES ÉLÉPHANTS !

Diplodocus était un grand herbivore quadrupède. Il vivait comme les éléphants, se déplaçant en troupeau afin de se protéger des prédateurs, les terribles allosaures et cératosaures. Il vivait à la même époque que l'apatosaure et le brachiosaure. Il mesurait jusqu'à 25 m de long !

Son cou pouvait atteindre 6 m de haut, idéal pour accéder facilement à la nourriture, que ce soit en hauteur (feuilles d'arbres) ou en longueur. En effet, ce long cou était bien pratique pour manger les plantes aquatiques qui poussaient à la surface des marais sans avoir à se mouiller !

UNE HYPOTHÈSE QUI TOMBE À L'EAU…

L'ouverture des narines du diplodocus était orientée vers le haut, ce que l'on retrouve normalement chez les animaux semi-aquatiques : quand la tête se trouve hors de l'eau, il vaut mieux que les narines soient en haut pour respirer sans se noyer ! En 1986, le célèbre paléontologue Robert Baker s'est même demandé si le diplodocus avait une trompe ! Pourtant, une étude scientifique a conclu que, même si l'ouverture était orientée vers le haut, les narines elles-mêmes étaient situées beaucoup plus bas dans le museau, ce qui signifie que le diplodocus ne s'aventurait pas dans l'eau.

QUEUE DE FOUET

La queue du diplodocus était très longue – près de la moitié de la longueur totale du dinosaure – et comptait 80 vertèbres ! C'est presque le double de ce qu'on trouve chez beaucoup d'autres sauropodes. Cette queue si longue lui permettait de faire fuir les prédateurs : le diplodocus la faisait claquer dans l'air très vite, ce qui faisait un bruit impressionnant. Mais il ne l'utilisait pas pour fouetter ses ennemis, car elle était trop fragile pour cela.

DES DOUBLES PARTOUT DANS LE MONDE

Le diplodocus est le dinosaure le mieux connu et le plus étudié depuis 1877. C'est parce qu'on a beaucoup de fossiles, le plus souvent très bien conservés, comme le squelette complet trouvé en 1901, surnommé « Dippy ». Il est devenu célèbre car un homme très riche a fait réaliser de nombreuses copies d'après des moulages en plâtre, qu'il a données à de grands muséums partout dans le monde. Cet homme généreux n'est autre qu'Andrew Carnegie, et c'est pour cela que cette espèce a été appelée *Diplodocus carnegii*. En France, tu peux admirer le double de Dippy au Muséum d'histoire naturelle à Paris !

LE SAVAIS-TU ?

Le mot « diplodocus » veut dire en grec « double faisceau ». Mais pourquoi donc ? Le dessous de sa queue était composé d'os appelés « arcs hémaux » ou « chevrons », qui formaient une double rangée d'os. Ils servaient peut-être d'appui pour les vertèbres ou à protéger les vaisseaux sanguins de l'écrasement lorsque la queue était au sol.

MAMENCHISAURUS

En Chine, au temps du Jurassique, vivait la créature avec le plus long cou de toute la planète : une dizaine de mètres et 19 vertèbres !

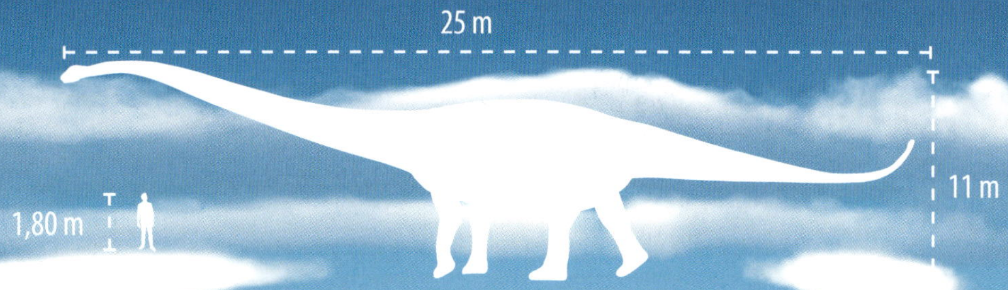

Nom scientifique : *Mamenchisaurus sinocanadorum*
Étymologie : « lézard de Mamenchi »
Époque : Jurassique supérieur (entre -163 et -152 millions d'années)
Taille : 25 à 30 m de long avec la queue, 11 m de haut
Poids : 70 t
Régime alimentaire : herbivore
Répartition géographique : Chine
Année de la découverte : 1952

LE PLUS LONG COU DU MONDE

Mamenchisaurus sinocanadorum mesure entre 25 et 30 m de long… avec un cou d'au moins 10 m chez les plus « petits » adultes ! C'est l'animal au plus long cou de tous les temps. Celui-ci est composé de 19 vertèbres ! Ce sauropode pouvait l'utiliser à la verticale, comme le font les girafes, pour atteindre la cime des arbres et à l'horizontale pour brouter au sol. Le reste du temps, il le portait sûrement dans une position intermédiaire.

DES OS TRÈS SPÉCIAUX

Comme le diplodocus (voir pp. 72-73), le mamenchisaure possède des os, appelés « arcs hémaux » ou « chevrons », qui forment une double rangée sous la queue. Ils commencent vers le milieu de la queue : ces chevrons aident à bien répartir le poids de la queue pour éviter qu'elle ne se casse et à stabiliser le dinosaure quand il marche. Son très long cou est renforcé à sa base par des côtes très solides, qui peuvent mesurer environ 4 m de long ! On les appelle côtes cervicales. Elles n'existent pas chez les mammifères.

BAS LES PATTES !

Curieusement, le mamenchisaure avait les pattes avant plus courtes que les pattes arrière. En raison de son énorme poids, il marchait bien sûr à quatre pattes. Mais certains paléontologues pensent que s'il était attaqué par des prédateurs, il pouvait alors se mettre debout sur ses jambes et retomber lourdement sur ses pattes avant, ce qui devait faire beaucoup de bruit ! Et comme d'autres sauropodes, il pouvait aussi utiliser sa queue pour fouetter l'air, ce qui produisait également un bruit très effrayant.

LE SAVAIS-TU ?

Le premier squelette de *Mamenchisaurus* a été découvert en 1952 lors de la construction d'une autoroute dans le Sichuan, en Chine, dans un endroit appelé Mamenchi. C'est de là que vient le nom du genre, *Mamenchisaurus*, le « lézard de Mamenchi ».

ARGENTINOSAURUS

Voici l'une des plus grandes créatures terrestres du monde qui vivait au Crétacé. Ce pacifique herbivore qui broutait en troupeau avait une telle « carrure » qu'il avait peu de prédateurs.

LE PLUS GRAND DE TOUS LES TEMPS !

L'argentinosaure est le plus grand dinosaure jamais découvert : il mesurait 35 m de long pour 8 m de haut ! La plus grande vertèbre qui a été retrouvée mesure 1,59 m de haut et 1,29 m de large ! Les os de ses jambes ont aussi une taille incroyable : le péroné (os qui se trouve dans ton mollet) atteint 1,55 m de long et le fémur (os qui se trouve dans ta cuisse) mesure 2,50 m. Un paléontologue a estimé que la masse de l'argentinosaure à l'adolescence (l'âge où il se développe le plus) devait probablement augmenter de 50 kg par jour. Le reste du temps, sa prise de poids était plus lente. Il lui fallait ainsi au moins 40 ans pour atteindre sa taille adulte !

HERBIVORE EN FAMILLE

Ce gros sauropode vivait en troupeau et migrait en quête de nourriture. En tant qu'herbivore, il se nourrissait des épines de conifères, qu'il atteignait grâce à son long cou. Il aimait aussi manger les fougères au sol. Mais comme il n'avait pas de dents, il faisait comme beaucoup de dinosaures dans le même cas, il avalait des cailloux (des gastrolithes) qui, une fois dans l'estomac, broyaient la nourriture. Pratique, pas besoin de mâcher !

LE SAVAIS-TU ?

L'argentinosaure a vécu 50 millions d'années plus tard que les sauropodes les plus connus, comme le diplodocus (voir pp. 72-73), le brachiosaure ou l'apatosaure.

LENTEMENT MAIS SÛREMENT…

En raison de sa taille imposante, l'argentinosaure n'avait pas beaucoup de prédateurs, du moins à l'âge adulte. Les jeunes, plus petits et plus vulnérables, étaient peut-être chassés par des giganotosaures, des théropodes carnivores, encore plus gros que *Tyrannosaurus rex* (voir pp. 68-69). L'argentinosaure n'était pas assez rapide pour fuir, puisqu'il pouvait seulement courir à 8 km/h, et sur de courtes distances. Mais sa taille de géant, sa longue queue qu'il pouvait balancer et toute sa famille autour de lui étaient des motifs suffisants pour dissuader la plupart des giganotosaures affamés de l'attaquer !

13,50 t, 13,50 m de long et 5 à 7,50 m de haut : le giganotosaure était certes plus imposant que le tyrannosaure mais était tout petit face à l'argentinosaure !

Nom scientifique : *Argentinosaurus huinculensis*
Étymologie : « lézard d'Argentine de Huincul »
Époque : Crétacé supérieur (entre -97 et -93,5 millions d'années)
Taille : 35 m de long avec la queue, 8 m de haut
Poids : 80 t
Régime alimentaire : herbivore
Répartition géographique : Argentine
Année de la découverte : 1989

QUIZ

1. QUELLES SONT LES DEUX GRANDES CATÉGORIES DE DINOSAURES ?

A. Les saurischiens et les ornithischiens
B. Les carnivores et les végétariens
C. Les théropodes et les ornithopodes

2. CLASSE CES DINOSAURES DU PLUS PETIT AU PLUS GRAND :

A. *Argentinosaurus*
B. *Iguanodon*
C. *Tyrannosaurus*
D. *Therizinosaurus*

3. PARMI CES ANIMAUX, LEQUEL N'EST PAS UN DINOSAURE ?

A. *Mosasaurus*
B. *Dracorex*
C. *Camptosaurus*

4. RELIE CHAQUE NOM DE DINOSAURE À SA SILHOUETTE :

A. *Spinosaurus*
B. *Velociraptor*
C. *Parasaurolophus*
D. *Stegosaurus*

1. 
2. 
3. 
4. 

5. REMETS DANS L'ORDRE LES TROIS PÉRIODES DE L'ÈRE MÉSOZOÏQUE (DE LA PLUS ANCIENNE À LA PLUS RÉCENTE) :

A. Jurassique
B. Crétacé
C. Trias

6. QUEL EST LE PLUS GROS DINOSAURE CARNIVORE ?

A. *Tyrannosaurus rex*
B. *Spinosaurus*
C. *Diplodocus*

7. QUE SIGNIFIE *REX* DANS *TYRANNOSAURUS REX* ?

A. *Plume*
B. *Roi*
C. *Lézard*

8. OUTRE SES RUBANS DE PLUMES, QUELLE EST L'AUTRE PARTICULARITÉ DE L'ÉPIDEXIPTÉRYX ?

A. Il vole.
B. Il a des doigts très longs.
C. Il a un énorme cerveau.

9. PARMI CES TROIS DINOSAURES, LEQUEL ÉTAIT UN HERBIVORE ?

A. *Dilophosaurus*
B. *Dilong*
C. *Triceratops*

10. L'AQUILOPS POSSÉDAIT UNE GROSSE CORNE SUR LA TÊTE.

A. Vrai

B. Faux

11. DANS QUEL PAYS A-T-ON TROUVÉ À CE JOUR LE PLUS DE FOSSILES DE DINOSAURES ?

A. En France

B. En Angola

C. En Chine

12. À QUELLE PÉRIODE L'ÉORAPTOR A-T-IL VÉCU ?

A. Au Crétacé

B. Au Jurassique

C. Au Trias

13. LE MICRORAPTOR EST PLUS PETIT QUE L'HYPSILOPHODON.

A. Vrai

B. Faux

14. QUELLE ÉTAIT « L'ARME » DU DEINONYCHUS ?

A. Sa queue

B. Ses griffes

C. Ses épines sur les épaules

15. QUAND LES DINOSAURES « NON AVIENS » ONT-ILS DISPARU ?

A. Il y a environ 66 millions d'années

B. Il y a environ 20 millions d'années

C. Il y a environ 155 millions d'années

16. TU AS RENCONTRÉ CES DIFFÉRENTS DINOSAURES DANS LE LIVRE :

Hypsilophodon	*Microraptor*
Oviraptor	*Ankylosaurus*
Velociraptor	*Diplodocus*

MAIS SEULS TROIS DINOSAURES DANS CETTE LISTE CORRESPONDENT AUX DÉFINITIONS CI-DESSOUS : DEVINE CELUI QUI EST DÉCRIT.

A. Mon corps est quasiment entièrement recouvert de plumes. On m'a longtemps considéré comme un voleur d'œufs mais c'est faux !

B. Je suis certes petit, mais je cours très vite ! Je mange des feuilles et des pousses d'arbres : je suis herbivore. Les paléontologues m'ont surnommé « la biche du Mésozoïque », la classe !

C. Je ne suis pas très grand, mais je suis costaud ! Ma queue en forme de massue me permet d'éloigner les prédateurs qui s'approchent trop près de moi.

SOLUTIONS :

1. A – 2. B / D / C / A – 3. A – 4. A = 2, B = 4, C = 1, D = 3 – 5. C / A / B – 6. A – 7. B – 8. B – 9. C – 10. B – 11. C – 12. C – 13. A – 14. B – 15. A – 16. A : *Oviraptor*. B : *Hypsilophodon*. C. *Ankylosaurus*.

CRÉDITS ICONOGRAPHIQUES

Couverture : Shutterstock.

Page 3 h : Shutterstock ; page 3 b : Shutterstock ; page 4 : Shutterstock ; page 5 h : iStockphoto ; page 5 b : Shutterstock ; page 6 g : iStockphoto ; page 6 d : Stocktrek Images / Roman Garcia Mora / Biosphoto ; page 7 : Shutterstock ; page 8 : Shutterstock ; page 9 : Shutterstock ; page 10 : Shutterstock ; page 11 : Shutterstock ; page 12 h : Shutterstock ; page 12 b : iStockphoto ; page 13 h : Shutterstock ; page 13 bg : Shutterstock ; page 13 bd : Shutterstock ; page 14 h : Shutterstock ; page 14 b : Shutterstock ; page 15 h : Shutterstock ; page 15 b : Shutterstock ; page 16 : Jean-Philippe Delobelle / Biosphoto ; page 17 : Shutterstock ; page 18 : Sergey Krasovskiy / Stocktrek Images / Biosphoto ; page 19 : Shutterstock ; page 20 : Jose Antonio Penas / Stocktrek Images / Biosphoto ; page 21 : Shutterstock ; page 22 : Shutterstock ; page 23 : Shutterstock ; page 24 : Benjamin Carré ; page 25 : Shutterstock ; page 26 : Benjamin Carré ; page 27 : Nobumichi Tamura / Stocktrek Images / Biosphoto ; page 28 : Shutterstock ; page 29 : Shutterstock ; page 30 : Nobumichi Tamura / Stocktrek Images / Biosphoto ; page 31 : Shutterstock ; page 32 : Shutterstock ; page 33 : Shutterstock ; page 34 : Phil Wilson / Stocktrek Images / Biosphoto ; page 35 : iStockphoto ; page 36 : Shutterstock ; page 37 : Shutterstock ; pages 38-39 : Mark Stevenson / Stocktrek Images / Biosphoto ; page 40 : Benjamin Carré ; page 41 : Shutterstock ; page 42 : Phil Wilson / Stocktrek Images / Biosphoto ; page 43 : iStockphoto ; page 44 : Shutterstock ; page 45 : Shutterstock ; page 46 : Mohamad Haghani / Stocktrek Images / Biosphoto ; page 47 : Nobumichi Tamura / Stocktrek Images / Biosphoto ; page 48 : Shutterstock ; page 49 : Shutterstock ; page 50 : Shutterstock ; page 51 : Shutterstock ; pages 52-53 : Shutterstock ; page 54 : Shutterstock ; page 55 : Shutterstock ; page 56 : Shutterstock ; page 57 : Shutterstock ; page 58 : Shutterstock ; page 59 : Shutterstock ; page 60 : Shutterstock ; page 61 : Shutterstock ; page 62 : Shutterstock ; page 63 : Shutterstock ; page 64 : Shutterstock ; page 65 : Shutterstock ; page 66 : Shutterstock ; page 67 : Shutterstock ; page 68 : Shutterstock ; page 69 : Shutterstock ; page 70 : Shutterstock ; page 71 : Shutterstock ; pages 72-73 : Shutterstock ; pages 74-75 : Shutterstock ; page 76 : Shutterstock ; page 80 : Shutterstock. Silhouettes : Shutterstock.